Andreas Bernknecht / Jens Tell

13 verlorene Geheimnisse der MEDITATION

Wie du mit einer wissenschaftlichen Methode, die dir sofortige, tiefe meditative Zustände garantiert, die häufigsten Fehler beim Meditieren vermeidest und die 13 verlorenen Geheimnisse der Meditation verstehst

Meditation darf einfach sein!

Andreas Bernknecht
DM Harmonics GmbH
St. Martins-Ring 35
9492 Eschen
Liechtenstein
support@dm-harmonics.com

1.Auflage
Autor: Andreas Bernknecht / Co-Autor: Jens Tell

Bildrechte & Lizenzen
Cover Bild: www.unsplash.com

Inhaltsverzeichnis

Einleitung - Das Praxisbuch der Meditation

Das Aufräumen mit unnützen Vorurteilen und falschen Vorstellungen über Meditation, denn jeder kann meditieren!

Vergiss alles, was du bisher über Meditationen gehört hast! Dieses Meditationsbuch ist anders! Es beginnt absichtlich mit dem Praxisteil. Dort liegen auch der Schwerpunkt und der große Vorteil dieses Buches.

Es nützt dir nichts, weiteres theoretisches Wissen über Meditationen anzuhäufen und dann doch nicht zur Anwendung oder Umsetzung, also zum Meditieren selbst, zu kommen.

Würde ich nur bei der Beschreibung und Erklärung von Meditation bleiben, würde sich dieses Buch nur in die Reihe tausender anderer Bücher einreihen, die versuchen, etwas zu beschreiben, was mit Worten nicht hinreichend beschrieben werden kann. Meditation ist etwas, das man selbst erfahren muss.

Dafür gibt es verschiedene Möglichkeiten. Viele Anleitungen verkomplizieren Meditationen unnötig. Das muss nicht sein.

Ich möchte die Erklärungen und dieses Buch gerne einfach halten. Schon sehr früh habe ich in meiner 40-jährigen Meditationspraxis herausgefunden, dass es Abkürzungen gibt, um einfach und in wenigen Minuten einen meditativen Zustand selbst zu erfahren.

Ich nutze die binauralen Beats, kombiniert mit der von mir entwickelten DMH®-Methode, die dich beim Anhören in wenigen Minuten Schritt für Schritt in einen meditativen Zustand begleitet. Die Wirksamkeit der binauralen Beats ist wissenschaftlich sehr gut belegt und in zahlreichen Studien nachgewiesen. Man kann damit das Gehirn bewusst in einen bestimmten Schwingungszustand versetzen.

Seit fast 20 Jahren widme ich mich der Erforschung der Wirkung von binauralen Beats. Sie sind ein einzigartiges, geniales Werkzeug, mit dem du ganz einfach in den gewünschten Zustand kommen kannst! Einfacher geht es nicht!

Wenn du zu diesem Thema mehr Hintergrundwissen möchtest, so kann ich dir mein kostenfreies Online-Seminar ans Herz legen. In diesem Online-Seminar zeige ich dir die neuesten Erkenntnisse aus der Hirnforschung und den Neurowissenschaften in Bezug auf das Unterbewusstsein.

Außerdem verrate ich dir, wie jeder Mensch so ziemlich jedes Problem eigenverantwortlich lösen kann!
http://dmh.link/mb-seminar

Als Bonus zu diesem Buch stelle ich dir 4 hochwertige Audio-Dateien kostenlos zur Verfügung. Mit diesen Audios kannst du sofort Meditation erfahren, ganz egal, ob du schon Erfahrungen damit hast oder ein Anfänger im Meditieren bist.

Du findest hier weitere Impulse zum Thema Meditation und eine Hörprobe der ersten Meditations-Audio-Datei Learning by doing (Lernen beim Anwenden), mit deren Hilfe du sehr einfach, in wenigen Minuten, einen meditativen Zustand erfahren kannst.
http://dmh.link/mb-lp

Zum Buch erhältst du umfangreiches Bonusmaterial (Audios & Videos). Damit hast du alles, was du brauchst, um Meditation zu erfahren, zu praktizieren und in der Tiefe zu verstehen!

Ich wünsche dir von ganzen Herzen viel Freude beim Erfahren von tiefen meditativen Zuständen!
Andreas Bernknecht

Geheimnis 1 - Die Abkürzung

Wie du durch das Hören spezieller Audiodateien sofort meditative Zustände erfährst und damit in kürzester Zeit das erreichst, wozu andere Monate oder Jahre brauchen.

Dieses Buch ist ein Praxisbuch und deshalb bewusst anders! Im Prinzip brauchst du nur dieses erste Kapitel zu lesen, um ein Grundverständnis für das Thema Meditation zu bekommen, und kannst dann sofort dazu übergehen, das Wissen anzuwenden! Ich stelle dir dafür ein Set von Audio-Dateien zur Verfügung, mit denen du sofort einen meditativen Zustand erleben und erfahren kannst.

Du kennst das sicher: Wenn Du verliebt oder traurig bist, fühlst du dich besonders leicht oder schwer. Du bist dann in einem bestimmten Schwingungszustand. Genauso ist es bei der Meditation. Denn Meditation ist ebenso ein Seins-Zustand.

Du bekommst in diesem Buch eine echte Abkürzung gezeigt, um diesen Zustand zu erreichen, und musst nicht monatelang Erfahrungen sammeln, um dich nach und nach steigern zu können. Du kannst also sofort und ohne Einschränkungen starten!

Wenn du dir ein komplettes Bild rund um das Thema Meditation machen möchtest, sind natürlich auch die weiteren Kapitel in diesem Buch hilfreich und empfehlenswert. Ich wünsche dir, dass du positive Erfahrungen beim Meditieren machst und tiefe Aha-Erlebnisse hast.

Warum dich die binauralen Beats beim Erreichen deines meditativen Zustands unterstützen

Um deinen gewünschten, tiefen meditativen Zustand zu erreichen, sind die binauralen Beats als Hilfsmittel ideal. Es gibt Studien aus der Tiefschlafforschung mit binauralen Beats, die Schwankungen in ebendieser Phase des Schlafes untersucht haben. In einer dieser Studien wurde das Schlafverhalten zweier Gruppen genauer betrachtet.

Die Probanden der ersten Gruppe haben ganz natürlich und ohne Intervention geschlafen. Ihre Tiefschlafphasen unterlagen diversen Schwankungen. Die zweite Gruppe hat während des Schlafens binaurale Töne im Deltabereich gehört. Die Schwankungen in der Traumphase blieben bei diesen Probanden aus.

Das zeigt ganz deutlich, dass binaurale Beats das Unterbewusstsein und unsere Seins-Zustände beeinflussen können. Deshalb kannst du zur Erreichung bzw. Verstärkung deines meditativen Zustands ebenfalls binaurale Beats nutzen, die der Frequenz deines Meditationsbereichs entsprechen.

Du wirst mit ihrer Hilfe deine Gedanken ganz leicht loslassen können - und das ist zumeist die größte Hürde für Menschen, die einen Meditationszustand erreichen möchten.

Fokussiere dich einfach auf die binauralen Beats und lasse dich darauf ein. Nach nur ca. sieben bis elf Minuten wirst auch du tief in der Meditation versunken sein.

Es darf einfach gehen und das ist die ultimative Abkürzung! Du erhältst mit diesem Buch einen kostenfreien Zugang zu mehreren effektiven Audiodateien mit binauralen Beats und der DMH®-Methode. Zusätzlich hast du Zugriff auf einige Videos. Nutze sie!

So verwendest du die Audiodateien und binauralen Beats richtig

Bevor ich dir die Audiodateien erkläre, möchte ich dir noch einiges zum besseren Verständnis und zur richtigen Anwendung mit auf den Weg geben. Ich arbeite in meinen Audios mit binauralen Beats. Das bedeutet, dass du die Audio-Dateien unbedingt mit einem Stereo-Kopfhörer anhören musst!

Die Art der Kopfhörer ist dabei egal. Es funktioniert mit In-Ear-Kopfhörern (Kopfhörer, die ins Ohr gesteckt werden) genauso wie mit Over-Ear-Kopfhörern, also Kopfhörern, die die Ohrmuscheln bedecken.

Wichtiger Hinweis! Bei kabellosen Bluetooth-Kopfhörern und beim Abspielen der Audiodateien auf dem Smartphone kann es zu unerwünschten und störenden Frequenzüberlagerungen kommen! Ich empfehle dir deshalb, keine Bluetooth-Kopfhörer und, beim Abspielen der Audios über das Smartphone, den Flugmodus einzuschalten oder einen separaten MP3-Player zu benutzen.

Ich verwende in den Audiodateien binaurale Beats und Inhalte, die nach der DMH®-Methode aufbereitet sind.

Das Ziel ist es, vom Tagesbewusstsein in einen meditativen Zustand zu gelangen. Das sind zwei völlig verschiedene Schwingungszustände und es herrscht bei jedem Menschen immer nur ein Schwingungszustand vor. Diese Schwingungszustände sind messbar. Mithilfe eines EEGs (Elektroenzephalogramm) werden zum Beispiel genau diese Gehirnwellen sichtbar gemacht.

Da wir bei DM-Harmonics großen Wert auf fachliche Kompetenz und fundiertes Wissen legen, wird die Entwicklung unserer binauralen Beats unter anderem von Dennis Erk unterstützt. Er ist Mitbegründer von DM-Harmonics und ein Experte auf dem Gebiet der Gehirnstrommessung (EEG). Als ehemaliger Ausbildungsleiter in der medizinisch-technischen Funktionsdiagnostik, bringt er sein umfangreiches Wissen gerne in alle Produkte ein.

Die EEG-Messung ist hochkomplex und ermöglicht es zum Beispiel, sofort zu erkennen, in welchem Bewusstseins-Zustand sich ein Mensch aktuell befindet. Im Tagesbewusstsein, mit offenen Augen, befindet sich jeder Mensch im Beta-Bereich. Werden die Augen hingegen geschlossen, so gleitet man sofort automatisch in den Alpha-Bereich, also einem Entspannungszustand.

Diese verschiedenen Frequenzbereiche gibt es im Gehirn:
Gamma-Bereich 30 bis 70 Hertz
Beta-Bereich 13 bis 30 Hertz
Alpha-Bereich 8 bis 13 Hertz
Theta-Bereich 4 bis 8 Hertz
Delta-Bereich 0,5 bis 4 Hertz

Interessant ist, dass der Beta-Frequenzbereich das normale Tagebewusstsein widerspiegelt und der Gamma-Bereich bei höchster Konzentration oder Anspannung (Stress-Situationen) erreicht wird.

Der Alpha-Bereich entspricht einem angenehmen Entspannungszustand (Einschlaf-Phase). Der Theta-Bereich entspricht dem Meditations-, Wachtraum- und Hypnose-Zustand. Der Delta-Bereich entspricht der Tiefschlafphase.

Wenn Menschen schlafen, durchlaufen sie automatisch die Zustände von Beta bis Delta. Beim Aufwachen verläuft dieser Prozess umgekehrt. Es ist also nichts Ungewöhnliches, diese verschiedenen Frequenzbereiche zu durchlaufen und zu erleben.

Meditative Zustände spielen sich im Theta-Bereich ab. Das Ziel ist es also, die vorherrschende Gehirnschwingung während der Meditation stabil im Theta-Bereich zu halten, die Gedanken loszulassen und nicht einzuschlafen.

Ich verwende in den Audiodateien neben den binauralen Beats eigens entwickelte Inhalte nach der DMH-Methode. In der DMH-Methode ist meine Erfahrung aus 40 Jahren Meditationspraxis und Bewusstseinsarbeit eingeflossen. Seit knapp 20 Jahren betreibe ich empirische Forschung und beschäftige ich mich mit der Wirkung von binauralen Beats auf das menschliche Gehirn und das Unterbewusstsein.

Das Bonusmaterial mit den Audios und Videos

Audio 1 - Learning by doing (Lernen beim Anwenden)

Ich weiß, du möchtest jetzt ganz schnell meditieren können. Wenn du noch keine große Erfahrung mit Meditation hast, empfehle ich dir, dich von diesem Druck zu befreien, denn dann geht Meditieren einfach besser! Nimm dir zunächst Zeit für das Hören der ersten Audiodatei.

Das Besondere an der Audio 1 ist, dass du mit ihrer Hilfe noch tiefer in die Entspannung kommst, den Theta-Bereich erreichst, dich dabei tief entspannst, aber nicht einschläfst. Wir von DM-Harmonics empfehlen dir solange die Audio 1 anzuhören, bis sich das Wissen bei dir komplett verankert hat.

Wir empfehlen, diese Datei mindestens vier Wochen täglich anzuhören. Menschen sind unterschiedlich, deshalb kann es auch sein, dass es für dich sinnvoll ist, diese Audiodatei sechs oder acht Wochen lang anzuhören, bevor du zur Audio 2 wechselst. Achte auf deine Intuition und nutze die Dateien so, wie es dir guttut.

Nutze die Audio 1 in den ersten vier Wochen regelmäßig, möglichst täglich, um die Prägung von Mustern in dir zu verändern. Umso besser du in den ersten vier Wochen diese Basis aufbaust, um so stabiler ist die Grundlage für die weiteren Audios. Versuche nicht schneller zu sein, denn die Prozesse benötigen Zeit.

Die Erfahrung zeigt, dass es Menschen, die denken, sie haben schon Erfahrung mit Meditation, oft schwerfällt, sich auf die Audio 1 einzulassen. Das ist aber wichtig! Denn mit der Audio 1 werden Grundstrukturen verankert, auf die die weiteren Audios aufbauen. Natürlich lasse ich dir die Freiheit, welche Audio du dir wann anhörst. Meine Empfehlung ist aber: Starte mit Audio 1, damit du auf eine solide Basis aufbauen kannst.

Höre die Audios möglichst im Sitzen. Nach Möglichkeit solltest du die Inhalte bewusst anhören.

Du wirst feststellen, dass du in wenigen Minuten sehr tief entspannst. Du wirst Schritt für Schritt in einen Zustand geführt, indem du keine Gedanken mehr hast.

Viele Menschen schlafen ein, wenn sie Audiodateien mit solchen Frequenzen hören. Wenn du einschlafen solltest, ist das nicht schlimm, denn die Frequenzen der Datei sind sehr nah an der Frequenz unserer Tiefschlafphase.

In dieser ersten Audiodatei wirst du auch gesprochene Worte hören. Es ist aber keine geführte Meditation. Die Worte geben dir praktische Hinweise für deine Atmung, erinnern dich, dass alles nur im Jetzt passiert und unterstützen dich, deine Gedanken ziehen zulassen. Solltest du während des Hörens wichtige Gedanken im Kopf haben, werden sie später wieder präsent sein. Du wirst nichts vergessen!

Audio 2 - Impressive Experiences (Beeindruckende Erfahrungen)

In dieser zweiten Audiodatei begleite ich dich mit deutlich weniger Worten und Anweisungen. Es werden immer wieder Trigger aktiviert, welche die Worte der ersten Audiodatei aus deinem Unterbewusstsein abrufen. Deshalb ist es wichtig, dass du zuerst die Audio 1 über mehrere Wochen hörst und verinnerlichst.

Wenn du es eilig hast, mach bitte trotzdem langsam! Natürlich ist es verlockend, relativ schnell zur Audio 2 überzugehen. Bedenke aber, dass in der Audio 1 die Grundlagen für deine tiefe Meditation gelegt werden.

Das ist ähnlich wie beim Lernen einer neuen Sprache oder dem Radfahren. Wenn die Grundlagen richtig verankert sind, geht alles Weitere sehr viel einfacher. Einmal gelernt, kannst du immer auf dieses Wissen zurückgreifen, da sich diese Automatismen im Unterbewusstsein verinnerlicht haben.

Die Audio 2 hilft dir, das mit Audio 1 Erlernte noch besser anzuwenden. Sie enthält nur noch wenig Text und kurze Sätze, da die Inhalte schon ausführlich in der ersten Audiodatei behandelt wurden.

Durch das regelmäßige Hören der Audio 1 sollten sich diese Inhalte bei dir verankert haben. Du lernst deshalb in der Audio 2, wie du lange in diesem Zustand der Theta-Phase bleiben kannst. Und solltest du einmal abdriften, lernst du, wie du wieder zurückkommst und wie du das bisher Erlernte automatisch anwenden kannst.

Audio 3 - Creative Meditation (Schöpferische Meditation)

In der dritten Audiodatei bekommst du die ultimative Abkürzung! Hier begleite ich dich ohne Worte. Du hörst ausschließlich Musik. Mithilfe des binauralen Tons, der erzeugt wird, erlangst du sehr schnell und unkompliziert deinen gewünschten meditativen Zustand. Hier hast Du keine Vorgaben mehr und kannst deine Meditation selber gestalten.

Audio 4 - Break Trough (Durchbruch zur Meditation)

Auf der vierten Audiodatei bekommst du nur den binauralen Ton, der die Meditationsfrequenz erzeugt. Du kannst nun ohne Text, Musik oder andere Hintergrundgeräusche meditieren.

Fühl dich frei. Umso öfter du den meditativen Zustand erlebst, umso einfacher fällt es dir im nächsten Schritt ganz ohne Hilfsmittel zu meditieren.

Videos

Die Videos erleichtern dir den Einstieg ins Meditieren und den Umgang mit den Audiodateien.

Dein Bonusmaterial

Mit dem nachfolgenden Link und dem Gutscheincode kannst du das Meditations-Set kostenfrei bestellen. Klicke also auf den Link oder nutze den QR-Code, um zum Shop von DM-Harmonics zu gelangen. Lege das Set in den Warenkorb, trage dann im Warenkorb den Gutscheincode ein.

Durch Drücken auf "Gutschein anwenden" wird er eingelöst, der ursprüngliche Shop-Betrag wird sich auf "0" reduzieren und die Bestellung kann ohne Angabe einer Zahlungsart abgeschlossen werden.

Du erhältst anschließend eine Bestätigung und den Hinweis, wie du zu deinem persönlichen Kundenbereich kommst. Dort stehen die Audios für dich zum Download bereit und du findest dort die Videos mit hilfreichen Hinweisen zur Nutzung.

Der Gutscheincode lautet: **mb197a**
Der Link zum Shop: https://dmh.link/mb-set

Auflösung des Geheimnis 1 – Die Abkürzung

Die binauralen Beats in Kombination mit der DMH®-Methode sind eine effektive Abkürzung! Es ist wissenschaftlich erwiesen, dass sich dein Gehirn mit ihrer Unterstützung die gewünschte Meditations-Frequenz erreicht.

Du kannst sofort meditative Zustände erfahren, ohne lange dafür trainieren zu müssen. Du eignest dir nicht nur theoretisches Wissen über Meditationen an, sondern machst direkt die Erfahrung des Meditierens - und das ist weltweit einzigartig!

Geheimnis 2 - Die geführte Meditation

Warum eine geführte Meditation keine Meditation ist und dich vom Erleben eines echten meditativen Zustandes abhält

Hierzu beginne ich mit den persönlichen Erfahrungen von Co-Autor Jens Tell. Er sagt über sich und seine Erfahrung mit der geführten Meditation:

„Ich wollte schon immer meditieren lernen, weil ich viele positive Dinge darüber gehört hatte, z. B. dass man Zugang zum göttlichen Bewusstsein bekommt. Das wollte ich ebenfalls erreichen.

Meditations-Anfängern wird dafür meistens empfohlen, mit geführten Meditationen zu beginnen, da diese angeblich leichter sind. Mein häufigstes Problem war allerdings, dass ich während der Bilderreise sehr oft gedanklich ausgestiegen bin. Das lag vor allem daran, dass ich die Bilder, von denen gesprochen wurde, nicht vor meinem inneren Auge visualisieren konnte.

Ich sah mich nicht über die grüne Blumenwiese laufen, so wie es in der geführten Meditation gesagt wurde. Ich war stattdessen irgendwo anders und meine Gedanken schweiften ab und verloren sich immer weiter. Das hat mich gestresst, da ich eigentlich gewillt war, der geführten Meditation zu folgen. Ich habe mich dadurch aber immer weiter vom Ziel, einen meditativen Zustand zu erleben, entfernt.

Nachdem mir dieses Entgleiten meiner Gedanken immer und immer wieder passierte, dachte ich, dass Meditation vielleicht doch nicht das Richtige für mich ist. Ich ließ das ganze Thema Meditation für mich los und dachte, dass sie nur für hochspirituelle und erwachte Menschen geeignet sei und ich noch nicht dazu gehöre oder ich mich erst noch dahin entwickeln müsse.

Mit der Zeit habe ich viele Menschen gefragt, was sie für Erfahrungen mit Meditationen gemacht haben. Das Interessante ist, dass es vielen Menschen genau so erging wie mir.

Durch die Arbeit mit Andreas an diesem Buch habe ich die Erfahrung gemacht, dass es sehr einfach sein kann, mehrmals täglich meditative Zustände zu erleben! Das sind einfach Situationen, bei denen ich im Hier und Jetzt bin und Zeit und Absicht keine Rolle spielen.

Ich nehme jetzt viel öfter bewusst Auszeiten und lege Pausen ein. Dabei lasse ich meine Gedanken vorbeiziehen. Ich gehe in die Position des Beobachters, der die Gedanken wahrnimmt, aber nicht wertet, und komme schnell in einen Zustand, in dem ich nicht mehr denke. Mit Hilfe der Audiodateien geht das alles sehr einfach!

Heute weiß ich, dass Meditation ein Zustand ist, in dem ich die Anbindung an mein höheres Selbst stärke und mein Verstand und mein Ego in diesem Moment eine Pause haben."

Warum die geführte Meditation als Einstieg ins Meditieren ungeeignet ist

So wie Jens Tell geht es vielen - dir vielleicht auch? Deshalb möchte ich mit dir die geführte Meditation einmal etwas näher betrachten, da sie doch für Anfänger oft besonders empfohlen wird.

Meist werden diese Meditationen von einer angenehmen und entspannenden Hintergrundmusik begleitet. Eine Sprecherin oder ein Sprecher beschreibt mit Worten das, was vor dem inneren Auge einzelne Bilder oder einen ganzen Film hervorrufen soll.

Das Problem ist, dass du in Gedanken bist, wenn du die Bilder erzeugst. Dein Gehirn ist aktiv und versucht, die Worte in Bilder umzuarbeiten. Das bedeutet, dass du dich im Beta-Zustand, oder wenn du schon etwas geübt und sehr entspannt bist, im Alpha-Zustand befindest. Damit bist du noch sehr weit vom meditativen Zustand entfernt.

Der spirituelle Lehrer Sri Chinmoy hat vor ca. 30 Jahren gesagt: „Wenn du denkst, meditierst du nicht, und wenn du meditierst, denkst du nicht.“ Für mich ist es die beste Definition dieses Zustandes.

Interessanterweise passt das perfekt zu den Schwingungen im Gehirn. Denn der Prozess des bewussten Denkens, also des Tagesbewusstseins und aktiven Verstandes, spielt sich im Beta-Bereich ab. Die Meditation hingegen findet im Theta-Bereich statt, wo der Verstand nicht mehr aktiviert ist. Auf der physikalischen Ebene der unterschiedlichen Gehirnschwingungen schließen sich Denken und Meditieren daher aus. Beides zugleich geht nicht!

Entweder befindet sich das Gehirn also im Traumzustand des Meditierens oder es ist wach und somit in einer anderen Frequenz. Wenn es aber wach und aktiv ist, kann es sich nicht gleichzeitig in der Traumphase befinden.

Das bedeutet, wenn du meditieren willst, muss auch dein Gehirn in den richtigen Schwingungszustand kommen, sonst denkst du. Und das führt im Prinzip den Begriff geführte Meditation ad absurdum, da du bei einer geführten Meditation mit deinem Verstand die Bilder in einem aktiven Prozess aufbaust.

Wenn du meditieren willst, dann brauchst du den Zustand des Theta-Bereichs. Die Frage ist, wie du dahin kommst und was passiert, wenn du da bist. Genau das ist der Zustand, in dem du einfach bei dir bist, ein Zustand ohne das Gefühl von Zeit.

Dieser Zustand ist aus der Traumforschung bekannt. Träumt das Gehirn, geht das Gefühl von Raum und Zeit verloren. Oft erscheinen Träume ewig lang, obwohl sie nur ein paar Sekunden gedauert haben. Du begibst dich während des Träumens also aus dem System der Zeit heraus.

Dann gibt es noch eine weitere interessante Erkenntnis. Auf der Rückseite deines Gehirns gibt es ein Zentrum, welches in dem Moment, in dem du einen meditativen Zustand erreichst oder in ein tiefes Gebet eintrittst, die Aktivität nachlässt. In diesen Moment verlierst du ebenfalls das Gefühl für Zeit und fühlst dich mit allem verbunden. Gleichzeitig nimmt die Wahrnehmung für deinen physischen Körper ab.

Die Körperwahrnehmung hängt primär mit diesem Teil des Gehirns zusammen. Du hast entweder eine Körperwahrnehmung, denkst und bist aktiv oder du hast keine Körperwahrnehmung und kein Gefühl für Zeit.

Du denkst dann nicht, sondern bist in einem meditativen Zustand, der noch losgelöster als Tiefenentspannung ist. Genau in diesem Zustand ist dein Selbst (das, was du wirklich bist), nicht an deinem Verstand geknüpft und in der Zeit gefangen.

Jetzt kannst du all die Ebenen wie Intuition, dich öffnen und im Jetzt sein nutzen, dein wahres und höheres Selbst kann sich ausdrücken. Das heißt, dass in diesen meditativen Zustand Informationen zu dir fließen, die der Verstand sonst blockiert, da dein Tagesverstand aktiv ist.

Das sind all die Impulse, die nicht mehr in dein Bewusstsein dringen können, weil du so sehr mit dem Leben und der Abwicklung des Tagesgeschäfts beschäftigt bist.

Auflösung des Geheimnis 2 – Die geführte Meditation

Gerade Anfängern und Menschen, die Probleme haben, tiefe meditative Zustände zu erreichen, wird immer wieder zur geführten Meditation geraten. Doch die Sprache in der geführten Meditation regt dein Gehirn an, Bilder zu kreieren.

Dein Gehirn ist damit im Beta-Bereich (Tagesbewusstsein), während du den Theta-Bereich für einen meditativen Zustand anstrebst. Dein Gehirn kann nur in einem Bereich zur gleichen Zeit schwingen! Wenn du denkst, meditierst du nicht, und wenn du meditierst, denkst du nicht.

Geheimnis 3 – Die Praxiserfahrung

Warum dir theoretisches Wissen über Meditation nicht viel nützt, sondern du sie erfahren und praktizieren solltest, und warum Rituale dich dabei behindern

Das, was den meisten Menschen während der Meditation durch den Kopf geht, sind keine Gedanken. Es sind Denkmuster und Eindrücke, die von anderen Menschen, der Erziehung und allen möglichen Erlebnissen stammen - nur nicht von einem Prozess des bewussten Nachdenkens, des Infragestellens, des Hinterfragens oder des Erkenntnisgewinnens. Neue Erkenntnisse erlangen z. B. nur sehr wenige Menschen aufgrund ihres Denkens.

Denn dieser Erkenntnisprozess beinhaltet Grundvoraussetzungen, die erfüllt sein müssen, wie zum Beispiel bedingungslose Liebe in sich zu tragen. Ohne diese Grundvoraussetzungen kann keine Erkenntnis stattfinden. Die Meditation ist eine Möglichkeit, um sich dafür zu öffnen. Deswegen ist es wichtig, sich keinen Zeitplan für die Meditation zu machen um dann zu meditieren, wann es geplant ist.

Wenn Meditation aber nur als Termin angesehen und in Anspruch genommen wird, weil sie gut sein und nur 30 Minuten dauern soll, kann ich aus Erfahrung sagen, dass die Wahrscheinlichkeit sehr gering ist, dass diese Meditation nachhaltig funktioniert. Ist dies dein Plan, dann solltest du von ihm Abstand nehmen. Denn dann kannst du deine Zeit auch sinnvoller nutzen und bei dir sein.

Meditation ist nichts, was an Rituale gebunden ist. Rituale sind nur Ausdrucksformen des Verstandes, um Sicherheit zu bekommen. Aber Gott ist kein Ritual und das Leben auch nicht. Das Leben ist lebendig und nicht kalkulierbar. Es lässt sich nicht in ein Ritual pressen. Damit hältst du dich nur gefangen. Je weniger Rituale du hast, um so einfacher kannst du meditieren!

Du brauchst keine bestimmte Sitzhaltung. Du musst dich wohlfühlen, du musst es zulassen können, du musst Entspannung in dir spüren und das Loslassen der Schwere sowie Wegziehen der Gedanken zulassen.

Alles das führt dazu, auf normalen Weg in die Meditation zu kommen. Noch einfacher ist es, wenn du eine spezielle Audiodatei nutzt, die dir hilft, schneller in die Meditation zu kommen. Umso öfter kannst du diese Erfahrung machen, bei der das Denken aufhört und du einfach nur bist - das ist Meditation.

Die Grundeinstellung, mit der du ans Meditieren gehst, ist wichtig. Diese Grundeinstellung hat nichts mit deinem Verstand zu tun. Du kannst das Meditieren nicht wie einen festen Termin einplanen und sonst weiter dein Leben leben. Lass dich nicht auf das Gedankenspiel ein, dass Meditation etwas Besonderes ist. Genau damit verfängst du dich in einer der größten Ego-Fallen: der Besonderheit.

Nur weil du meditierst, bist du nichts Besonders. Du bist nur bei dir und das ist überhaupt nichts Besonderes, das ist der Normalzustand! Dieses ganze abgehobene und ritualisierte „Ich praktiziere jeden Tag meine Meditation“ oder dieses Gefühl von „Ich bin da besser oder weiter als die Anderen“ zeigt deutlich das Gegenteil.

Diese Gedanken sind Ausdruck davon, dass du nicht weiter bist und es noch nicht komplett verstanden hast. Zu erkennen, dass Meditation etwas ist, was dich zu dem zurückbringt, was du wirklich bist, zu deinem Seins-Zustand, das ist wichtig! Das Sein zu erkennen, ist einer der höchsten Zustände, die du erfahren kannst. Es geht in Richtung Erleuchtung.

Mache deine Meditation zu einem Event der Freude! Lege es nicht an eine feste Zeit, sondern mache es freiwillig und bewusst. Spüre, wann der richtige Zeitpunkt ist, du einen Moment für dich brauchst und nutze diesen Rückzugsmoment, um zu dir selbst zu kommen. Sage dir, dass es dir wichtig ist.

Natürlich darfst du dir die Meditation einplanen, gerade wenn du Kinder um dich hast und mit Familienaufgaben eingespannt bist. Dann halte dir Zeiten frei und nutze sie für die Meditation! Die Grundeinstellung ist entscheidend! Wenn du dir sagen kannst, ich tue mir Gutes, ich mache das, weil ich mir Gutes tun möchte, und nicht, um etwas Besonderes zu sein, dann bist du auf dem richtigen Weg.

Das Einzige, was du einbringen darfst, ist die Freude! Denn die Freude ist auf einer ganz hohen Schwingungsebene, ebenso wie die Liebe, angesiedelt. Die Liebe ist einfach da und die Freude ist erst nach der Liebe möglich. Wenn du bedingungslos lieben kannst, kannst du dich auch bedingungslos freuen. Die Freude, Liebe zu schenken, zeigt schon, dass es ein Zustand ist, der zwar drüber angesiedelt, aber nicht mehr wert ist.

Es ist sinnvoll, den Moment der Meditation im Laufe der Zeit zu einem Moment der Freude werden zu lassen. Du merkst dann, wie gut dir das tut und bist bereit, öfter zu meditieren. Das darf auch kürzer sein, dafür immer öfter. So kannst du im Laufe des Tages immer öfter zu dir zurückkommen. Dein Leben wird sich in vielen Bereichen entspannen. Du merkst, dass du in eine Art Freiheit kommst, weil du plötzlich bei dir bist.

Wenn du beginnst, Meditation so zu sehen, wirst du meditieren, weil du es wirklich willst. Wenn du innerlich fühlst: Ich brauche das, es ist ein Sehnen in mir, es ist etwas wie nach Hause kommen, es ist etwas, wo ich geborgen bin, es ist etwas, wo ich verbunden bin mit Allem, was ist.

Wenn das deine Grundeinstellung wird, dann kannst du sagen: „Ich freue mich schon auf meinen Meditationstermin um 16 Uhr und darauf, wieder bei mir zu sein!" Denke nicht: „Aber um 16 Uhr habe ich Meditation. Das muss so sein, weil es immer so ist.". Ich hoffe, du verstehst den Unterschied!

Es kommt auf deine Grundhaltung an, mit der du meditierst. Dann ist auch deine Körperhaltung egal. Du kannst dich irgendwo hinsetzen und es geht dir gut und du entspannst.

Daraus baust du das Vertrauen auf, absichtslos zu meditieren. Über den Zustand der Meditation einfach nur die Freude zu erleben, bei dir zu sein und dich loszulösen von Gedanken. Dann erlebst du diese vielen kleinen Momente, die dir sagen, dass dein Stress gerade verschwindet, dein Druck nachlässt und du deine zwanghaften Gedanken loslassen kannst.

Je öfter verteilt über den Tag du diese Minimikro-Erfahrungen machst, desto mehr erhöhst du die Bereitschaft, dies öfter zu tun. Das wiederum hilft dir, tiefer in die Meditation zu kommen. Und das hat zur Folge, dass Gelassenheit deine Grundhaltung wird.

Auflösung des Geheimnis 3 - Die Praxiserfahrung

Verkompliziere das Meditieren nicht, indem du es an unnötige Rituale knüpfst. Mit den Audiodateien und binauralen Beats hast du das ultimative Werkzeug, um zu meditieren - wie und wann du willst! Je mehr meditative Zustände du jetzt erlebst, desto besser bekommst du ein Gefühl dafür, was Meditation ist und was sie für dich bewirken kann.

□

Geheimnis 4 - Die Zeit

Warum Meditation zeitlos ist und dir dennoch massiv Zeit spart, indem du durch regelmäßige Meditationen die richtigen Entscheidungen triffst und dir Irrwege ersparst

Ich finde das Konzept von Zeit spannend. Vor allem unter Berücksichtigung, dass etwas wie ein fester Termin für Meditation in die Zeit eingeplant wird, wobei Meditation eigentlich zeitlos ist. Es hat schon fast etwas Ironisches. Es ist, als wolle man etwas Flüssiges mit einem Sieb einfangen. Dies kann nicht funktionieren, weil die Flüssigkeit in dieser Form nicht existieren kann.

Wenn du dir Zeit für eine Meditation einplanst, besteht die Gefahr, dass sie wie ein gewöhnlicher, abzuarbeitender Termin ist. Das heißt, du führst dein Leben ganz normal, das in der Illusion Zeit stattfindet, und planst eine kleine Einheit Zeitlosigkeit ein.

Aus meiner Erfahrung bringt das überhaupt nichts. Denn die Grundeinstellung ist das Problem. Ich liebe es zum Beispiel, morgens aufzustehen, in Ruhe zu frühstücken und einfach noch genug Zeit zu haben, bevor mein erster Termin anliegt. Dann gehe ich dorthin und kann komplett loslassen.

Durch das Zeitlassen und Entspannen am Morgen und entsteht bei mir kein Gefühl von Druck. Ich weiß, dass ich das Wichtigste tun werde, bewusst oder unbewusst - ich weiß es einfach. Wenn ich merke, dass ich sehr viel Stress habe, kann ich aber auch einfach kurz abschalten.

Ein kleiner Tipp: Als erstes immer das Handy ausschalten! Ich setze mich dann hin und brauche nur etwa sechs Minuten, manchmal auch weniger, um alles, was mich drückt und stresst, loszulassen!

Es ist wirklich ganz einfach: Du brauchst nur die Bereitschaft, dich hinzusetzen und einfach alles loszulassen. Meditation muss keine ein bis zwei Stunden dauern - dieser Gedanke würde die zeitlose Meditation ab absurdum führen. Es ist nicht möglich, aus der Zeit heraus zu gehen und gleichzeitig festzulegen, dass die Aktivität, für die ich die Zeit verlasse, nur eine Stunde dauert. So verfange ich mich selbst in der Zeit.

Meditation ist grundsätzlich erst einmal absichtslos. Dennoch kannst du mit ihr etwas erreichen, unter anderem die Erkenntnis von der Illusion der Zeit. Wenn du diese Erkenntnis tief verinnerlicht hast, kannst du frei und gelassen meditieren.

Es mag für den einen oder anderen vielleicht hilfreich sein, sich mit der richtigen Einstellung ein Zeitfenster freizuhalten. Es ist aber sinnvoll, sich dauerhaft der Illusion der Zeit bewusst und ganz viel bei sich selbst zu sein, so dass du von dir selbst sagen kannst, du bist ganz bei dir und erhöhst deine Schwingungen bewusst. Das Interessante ist nämlich, dass das Denken überhaupt erst auf den höheren Bewusstseinsebenen beginnt.

Wenn ich über Meditation in Bezug auf die Zeit spreche, so muss ich natürlich auch die Zeitersparnis ansprechen, die du durch Meditation erfährst. Das hört sich vielleicht erst einmal komisch an, da du denkst, dass du dir Zeit für Meditation nehmen musst. Ja, das ist so. Doch die Klarheit, die du erlangst und die richtigen Entscheidungen, die du in der Folge der Meditation triffst, lassen dich sehr viel Zeit einsparen.

Wenn du durch ein Labyrinth irrst und jeden Irrweg gehst, brauchst du viel Zeit. Wenn du dich dagegen von deiner Intuition und Anbindung durch das Labyrinth führen lässt, wirst du die Erfahrungen machen, die du machen sollst und sehr schnell sowie mit wenig Kraftaufwand dein Ziel erreichen.

Auflösung des Geheimnis 4 - Die Zeit

Erkenne, dass die Zeit eine Illusion unserer Dimension ist, in der wir leben. Meditation ist zeitlos! Nimm dir die Zeit, die du brauchst, um zu meditieren. Letztlich bekommst du durch Meditation so viel Zeit zurück, da du Irrwege ausschließt und viel klarer auf den wirklichen Zweck deiner Inkarnation ausgerichtet bist.

□

Geheimnis 5 - Die Absichtslosigkeit

Warum du absichtslos meditieren solltest und nicht mit dem Vorsatz, etwas zu erreichen oder eine Situation zu ändern

Meditiere nicht über etwas oder für etwas, nicht für den Weltfrieden, nicht für die Lösung deiner Probleme, nicht für dein Wohlsein, nicht für deine Beziehung. Das beinhaltet alles eine Absicht. Dein Verstand versucht mit der Meditation eine höhere Macht dafür einsetzen, dass du deine Ziele erreichst.

Wenn du meditierst, mach das ohne Absicht! Gehe hin und begib dich einfach in diesen Zustand! Meditation ist etwas Absichtsloses. Und das muss so sein, denn wenn du mit einer bestimmten Absicht meditierst, ist das eine Kontemplation. Kontemplation bedeutet, sich Personen, Dinge und Situationen aus verschiedenen Richtungen und Blickwinkeln anzuschauen.

Beispiele hierfür können sehr vielfältig sein: Du kannst zum Beispiel eine Pflanze, Weltfrieden oder Harmonie aus verschiedensten Perspektiven betrachten. Damit bist Du im analytischen Denken gefangen und nicht in der Meditation, denn du denkst aktiv über etwas nach.

Das Problem dabei ist, dass die Meditation häufig als Möglichkeit verkauft wird, um etwas wie Geld und Wohlstand zu erreichen oder Probleme zu lösen. Das heißt, du hast ein Thema, das aus dem Verstand kommt und meistens mit Mangeldenken behaftet ist. Und dann meditierst du über dieses Problem.

Es gilt jetzt zu verstehen, dass wenn du Themen aus dem Verstand oder aus dem Mangel heraus meditieren möchtest, du aus einer Ebene, die sich in der drei- oder vierdimensionalen Raumzeit befindet, herauskommst.

Das bedeutet, du fokussierst jetzt ein Problem an, dass du selber erschaffen hast und meditierst über das Problem. Damit hältst du dich in diesem kleinen und beschränkten Rahmen gefangen. Meditation ist aber nicht auf die vierdimensionale Raumzeit begrenzt. Mehr dazu findest du im Kapitel der Mehrdimensionalität.

Wir bewegen uns mit unserem Ego in Endlosschleifen. Diese Endlosschleifen gibt es zum Beispiel in der Mathematik, in der Musik oder in der Malerei. So hat der Mathematiker Kurt Friedrich Gödel nachgewiesen, dass Zeitreisen möglich sind, der Musiker Johann Sebastian Bach hat musikalische Tonfolgen so lange wiederholt, bis Melodien daraus entstanden und der Maler MC Escher hat Endlosschleifen in seinen Bildern verwendet.

Meditation ist eine Möglichkeit, diese Endlosschleife zu verlassen, indem du deine Selbstbezüglichkeit verlässt. Wenn du über etwas meditierst, wenn eine Absicht dahintersteckt, bist du in einer Endlosschleife gefangen. Deshalb ist die Absichtslosigkeit das Wichtigste bei der Meditation.

Das bedeutet, es ist egal, ob du dich hinsetzt oder kniest. Du kannst sogar Dinge machen, wie den Abwasch erledigen. Es geht darum, einfach nur zu sein, einfach da zu sein. Dann schwingt dein Gehirn in einer bestimmten Frequenz. In diesem Moment ist der rationale Verstand deaktiviert.

Das ist im Prinzip schon der Meditationszustand, deswegen denkst du da auch nicht mehr. Denn das Denken und das Meditieren schließen sich allein aufgrund der Gehirnschwingung aus. Und genau in diesem Moment passiert es, dass eine Erweiterung stattfindet.

Es gibt im Hinterkopf ein Zentrum, das dafür da ist, dass wir Zeit empfinden können und welches die Grenzen unseres Körpers berechnet. Wenn dieses Zentrum aufhört zu arbeiten, entsteht auf der anderen Ebene das Gefühl von Verbundenheit, zum Beispiel das Gottesbewusstsein.

Genau da gibt es kein Denken, keine Absicht. Das ist der Zustand, wo das, was du wirklich bist, dein höheres Selbst, sich ausdrücken kann. Das heißt, du bekommst Informationen, du weißt einfach plötzlich Dinge, weil du dich geöffnet hast. weil nicht mehr dein Verstand der gebende Impuls ist, sondern der höhere Plan, der sich plötzlich entfaltet.

In diesem Moment kommt etwas zu dir, manchmal als intuitives Wissen, als Bild oder als ganz tiefe Erkenntnis. Ganz unerwartet und nicht geplant. Diesen Zustand und seine Erkenntnisse kannst du nicht absichtsvoll erreichen.

In dem Moment, wo du eine Absicht hast, beschränkst du die Meditation und den Erkenntnisprozess. Die Erkenntnis kann nicht mehr zu dir dringen.

Sieh dich im Meditationsprozess frei von jeder Absicht und als unbeschriebenes Blatt, bis dein höheres Selbst eine Botschaft auf dieses Blatt schreibt. Nicht du bist der Verfasser der Problemlösung, sondern dein höheres Selbst. So kannst du vielleicht ganz andere Dinge erkennen oder feststellen, dass genau dieses Problem dein größtes Geschenk ist.

Da kommt plötzlich eine Erkenntnis und du kannst sagen: „Das ist der Schlüssel!" Oder ein Trauma, ein Kindheitsthema, kommt in dein Bewusstsein und du merkst, weshalb der Schmerz da ist oder du an diesem alten Schmerz festhängst.

Es kann auch etwas ganz anderes sein. Auf diesen Ebenen gibt es keine zeitliche Kontinuität. Es gibt dort keinen Zeitfluss. Diesen Zustand hat Eckhart Tolle ungefähr so beschrieben: „Sich über die Zeit erheben, ist den Zustand der Meditation erreichen."

Du verlässt den Zeitstrahl von Vergangenheit, Gegenwart und Zukunft und begibst dich in einen Bereich, der alles gleichzeitig ist. Und das ist genau damit gemeint, mit diesen Dimensionen, die über die Zeit hinausgehen.

In dem Moment, wo du absichtslos bist, bist du offen für die Dinge, die wirklich elementar für dich sind. Und manchmal ist da gar nichts, und genau diese Erfahrung ist so wertvoll.

Dieses Gefühl von absoluter Stille, Nirvana zum Beispiel. Das Nirvana ist kein Zustand von: „Da ist nichts mehr.", sondern es ist der göttliche Zustand von: „Da ist alles." Deswegen heißt es: „Gott ist statisch." - weil alles schon ist und gleichzeitig auch nicht ist.

Auflösung des Geheimnis 5 - Die Absichtslosigkeit

Den meisten Menschen wird suggeriert, dass sie mit Meditation alle Probleme lösen können. Das stimmt auch. Doch nicht dein Verstand entscheidet, welches dein größtes Problem ist.

Deshalb ist es wichtig, zu verstehen, dass du nicht meditierst, um ein Problem zu lösen, eine Situation zu klären oder ein Ziel zu erreichen, sondern dass du absichtslos meditierst. Du beschränkst dich, wenn du dich nur auf eine bestimmte Sache konzentrierst. Vertraue der göttlichen Intelligenz und meditiere absichtslos!

□

Geheimnis 6 – Die Büchse der Pandora

Warum durch Meditation deine verborgenen Schattenthemen ans Licht kommen und warum dein Ego dies unbedingt verhindern möchte

Unser Verstand ist wie jemand, der versucht, den Deckel auf der Büchse der Pandora zu halten. Er hat zahlreiche Abwehrmechanismen entwickelt, damit du dich nicht mit dir selbst beschäftigen musst. Jetzt kommt etwas im Fernsehen, ich habe gerade keine Zeit, heute ist es wirklich schlecht, ich bin innerlich so unruhig - das sind nur einige der Ausreden, um nicht zu meditieren.

Doch die wahren Gründe, warum du nicht meditieren willst und dir dafür keine Zeit nimmst, sind, weil du unbewusst weißt, wenn du jetzt zur Ruhe kommst und der Druck auf dem Deckel nachlässt, dann springt er auf. Du öffnest die Büchse der Pandora. Alles, was da eingesperrt ist, das ganze Ungute, kommt dann heraus und du bekommst den Deckel nicht mehr zu.

Das ist der Grund, warum viele Menschen Bücher gut finden, in denen viel über Meditationen gesagt wird. Meist fehlt allerdings der inhaltliche Kern in diesen Büchern und die Leser fühlen sich bestätigt und können sagen: „Siehst du, das bringt mir doch alles nichts, das kann ich eh nicht!“ Im Prinzip suchen diese Menschen unbewusst schon nach einem Beweis dafür, dass Meditieren nichts für sie ist.

In einer noch tieferen Ebene zeigt dir Meditation all das, was noch ungeklärt ist, und es darf alles hochkommen, der ganze Schmerz, das ganze Leid, das ganze Elend. Das funktioniert mit Meditation richtig gut.

Der Zustand der Meditation ist sehr schön, weil du mit der Zeit merken wirst, dass genau das ihr Segen ist, wenn all das hochkommt, was sowieso schon in dir drin steckt. Ich vergleiche es gerne mit einer Krankheit, die noch nicht ausgebrochen ist. Sie steckt schon in dir und du musst sie rauslassen und erleben, um gesund zu werden.

Unsere höheres Selbst sowie unsere Überseele haben einen Überblick über das große Ganze. Du fragst dich, was die Überseele ist? Menschen, Tiere, alle Lebewesen haben eine Seele und etwas, das dieser Seele übergeordnet ist, die sogenannte Überseele. Sie splittet sich in verschiedene Seelenanteile, die in verschiedenen Leben gleichzeitig inkarniert ist.

Die Überseele koordiniert alles und sammelt aus allen Bereichen Erfahrungen, um sich weiterzuentwickeln und uns richtige Impulse zu geben. Auf ihrer Ebene ist alles bekannt. Sie weiß, wie alles funktioniert und zusammenhängt. Sollte dir etwas Schlimmes widerfahren, so ist es auf ihrer Ebene nicht schlimm, denn sie kennt das große Ganze und bringt die Erfahrung in einen Zusammenhang.

Der Teil von uns, der sich Strategien wie Schmerzunterdrückung oder Ablenkungsstrategien angeeignet hat, hat irgendwann die Entscheidung dafür getroffen, weil er den Schmerz nicht mehr erfahren will. Dies geschieht zum Beispiel, wenn du etwas sehr Schmerzhaftes oder ein Trauma erlitten hast und beschließt, dass dir das nie wieder passiert oder du solche Menschen nie wieder an dich heranlässt. Das ist dann im Übrigen eine sehr dumme Entscheidung.

Es ist wichtig, auch diese Erfahrungen zu durchleben und aufzuarbeiten. Ich begebe mich immer wieder in solche Situationen (schon alleine, weil ich mich in die Situation begeben kann) und mache sogar wieder dieselben Fehler, weil ich weiß, dass ich diese noch nicht abgeschlossen habe. Sonst würden sie mir nicht wieder begegnen.

Ich begebe mich in diese Situationen, Erfahrungen und Erinnerungen im Wissen, dass nicht mir jemand etwas angetan hat, sondern ich habe genau diese Menschen angezogen, die zu meiner inneren Haltung passen.

Wenn ich diese Menschen aber angezogen habe, weil sie zu meiner Haltung passen, und ich das aber eigentlich nicht möchte, dann zeigt es mir, dass bei mir selbst noch etwas ungeklärt ist. Ich selbst muss an mir arbeiten und meine innere Haltung ändern. Dann ziehe ich diese Menschen, die mir nicht guttun, auch nicht mehr an. In diesem Wissen kann ich auch anderen Menschen gut vergeben.

Folglich muss ich ins Wachstum kommen. Es nützt mir nichts, jetzt den anderen zu verurteilen. Dann weiß ich, ich bin noch nicht tief genug gegangen. Ich habe das Geschehene für mich noch nicht klären können. Das wissen wir auf der unbewussten Ebene alles. Es kündigt sich durch Unwohlsein an. Das ist der erste Punkt, dieses flaue Gefühl, bei dem man denkt: "Ich muss schnell etwas anderes machen".

Und dann kommt die nächste Ebene, auf der großes Unbehagen ausgelöst wird. Mit der Thematik, die du hast, kommen die emotionalen Ängste hoch und du fragst dich, wie du damit umgehen sollst.

Dich davon zu befreien, ist die Freiheit, die du anstrebst - und meist versuchst, durch äußere Dinge wie Konsum, mehr Geld verdienen, Erfolg, Macht, Anerkennung usw. zu kompensieren, weil du glaubst da kann dir nichts passieren. Genau diese Handlung und dein unbewusstes Wissen über ihre Falschheit sind es, die dann nur noch mehr Druck auf den Deckel geben!

Wenn du weise bist, öffnest du das Türchen und befreist das, was darin ist, weil dort nichts Schlimmes auf dich wartet. Du versuchst nur aus der Unwissenheit heraus, es zu unterdrücken, weil du den Schmerz nicht mehr willst.

Niemand hat uns gesagt: „Wenn du den Schmerz hast, geh ganz tief rein. Dann löst er sich auf und dahinter ist ganz viel Liebe. Du sammelst gerade Erfahrungen von Vergebung und gleichst karmisch etwas aus." Mir hat das zumindest niemand beigebracht, weder in der Schule, noch meine Eltern, niemand. Bei dir ist das sicher ähnlich.

Im Laufe der Zeit, nachdem ich mich viel damit beschäftigt habe, habe ich erkannt, dass es sehr weise ist, sich dem Schmerz zu widmen und ihn endgültig aufzulösen. Was aufgelöst ist, das muss ich nicht mehr mit mir herumtragen.

Und nachdem ich verstanden hatte, dass es Psychosomatik gibt und das wir aus uns selbst heraus eine Schöpferkraft besitzen, weiß ich auch, dass das, was in uns drin ist, sich im Außen spiegelt. Der Preis, sich nicht darum zu kümmern, ist letztendlich höher, als sich darum zu kümmern und kurzfristig das Leid und den Schmerz zu erfahren, um es dann aufzulösen.

Genau dafür hilft Mediation. Sie löst das, was in deiner Seele steckt. Dabei hat sie nicht die Absicht, dich zu erlösen, sondern dich deinem wahren ICH begegnen zu lassen. Ungefiltert! So kommen die Impulse in dein Leben, die dir helfen, das aufzulösen. Es steht jemand neben einem Bildhauer der einen Löwen gemeißelt hat und sagt: „Boah, wie haben Sie das nur aus einem Stein heraus geschaffen?“ Der Bildhauer antwortete: „Ich habe nur alles entfernt, was nicht Löwe ist.“ Genauso ist es mit der Meditation.

Mit der Meditation entfernst du einfach alles, was du nicht bist, Gedanken, Ängste, Befürchtungen, Sorgen und du lässt dich einfach darauf ein, durch nichts tun, durch nichts denken und nichts wissen. Einfach „sein“, und wenn du das tust, begegnest du dir schon, denn du bist einfach nur das „Sein“.

Wenn du erklären willst, was Gott ist, dann sage: „Gott ist …“ und höre auf zu reden. Genauso bist du in der Mediation …, du bist nicht, was andere dir sagen. Du bist einfach nur und dass, was um dich herum ist, ist eine Widerspiegelung dessen, was du dir zusätzlich innerlich aufgebaut hast.

Das Äußerliche spiegelt das einfach 1:1 wider: die Lebensumstände, den Partner, die finanzielle Situation, die viele Sorgen, die Gesundheit, die Krankheit, die schönen Dinge, den Ferrari, was auch immer da ist.

Es ist auch egal, warum du zum Beispiel den Ferrari hast, ob du ihn brauchst, um Anerkennung zu bekommen, oder ob du einfach Spaß mit ihm hast. Es spiegelt einfach wider, was du bist. Macht dich das glücklich oder nicht? Du bist einfach nur, unabhängig von all den Dingen, die da sind.

Mediation ist, dich ohne diese Dinge wahrzunehmen. Einfach nur zu sein. Und weil du in dem Moment nicht denkst, sondern einfach in dem Zustand des „Seins“ bist, bist du voll und ganz du selbst und bei dir. Deswegen können Impulse zu dir kommen, die nicht durchdringen, wenn du all die Dinge bist, die um dich herum sind.

Auflösung des Geheimnis 6 – Die Büchse der Pandora

Dein Ego wird alles dafür tun, dass du nicht meditierst. Es gibt genug Ausreden, die es dir serviert, um heute nicht meditieren zu müssen.

In Wirklichkeit handelt es sich um eine Vermeidungsstrategie deines Egos, denn es weiß, dass du durch Meditation an deine Schattenthemen kommst und diese durchaus schmerzhaft und unbequem sein können. Eine der wichtigsten Erfahrung, die du machen kannst, ist, dass hinter all dem Schmerz ganz viel Liebe ist!

□

Geheimnis 7 - Die Ego-Falle

Warum dir dein Ego etwas vorspielt, die meisten Menschen in diese Ego-Falle tappen und wie du ihr entkommst

Dein Ego impliziert dir ganz viele Dinge, die so nicht sind. Das ist eine Strategie des Egos: vorzuspielen, was es nicht ist. Denn Ego beginnt lange bevor überhaupt eine physische Realität entsteht.

Das heißt: Da, wo das, was du wirklich bist, nämlich der Ausdruck Gottes, kommt, erhältst du irgendwann einen Impuls, dich von Gott abzuwenden, zumindest scheinbar. Das ist der Start des Egos.

Und daher ist es die falsche Strategie, das Ego überwinden zu wollen. Das ist eine Herausforderung, die, solange du auf dieser physischen Ebene bist, nicht zu bewältigen ist. Du kannst dich immer wieder annähern, es komplett zu überwinden wirst du vermutlich nicht schaffen.

Natürlich gibt es Menschen wie Jesus, Buddha oder Zarathustra, die diese Herausforderung annährend bewältigen konnten und es vielleicht sogar geschafft haben, dieses Sein komplett zu leben.

Aber dies als Ziel zu haben, ist eine ziemlich große Herausforderung. Es ist auch gar nicht erforderlich, denn ich kann mir vorstellen, dass wir Menschen hier sind, weil wir Probleme haben wollen, weil genau das unser Spielfeld ist.

Übertragen auf dieses Spiel-Beispiel bedeutet das: Wenn du Schach spielst, kannst du nicht einfach die Spielfiguren entfernen, weil sie stören oder im Weg stehen. Denn dann verliert das Spiel seinen Sinn: Du kannst nicht mehr Schach spielen.

Wir verwechseln das oft und denken, unser Ego sei schlimm. Wir sehen es als etwas, das es zu überwinden gilt, um inneres Glück und Zufriedenheit zu empfinden. Doch es würde unsere Essenz kaputt machen. Wir wären dann nicht mehr komplett, nicht mehr hier und könnten unser Spiel nicht mehr spielen. Du musst also erkennen, was das Ego ist, um deine richtigen inneren Entscheidungen zu treffen.

Wenn du dein Ego betrachtest, dann ist es nichts anderes, als die Illusion, von Gott getrennt zu sein. Das Ego ist keine Wesenheit, es ist eine Entität, die nur Kraft unserer Entscheidung eine Realität hat. Die einzige Möglichkeit, dass diese erschaffene Realität am Leben bleibt, ist unser Glaube an die Illusion.

Deshalb tut das Ego alles, um uns davon zu überzeugen, dass wir uns wirklich von Gott getrennt haben und dass Gott uns dafür sehr schwer bestrafen wird. Diese Illusion ist auf so tiefen Ebenen des Bewusstseins verankert, dass uns die Erkenntnis, dass es sich um eine Illusion handelt, erst einmal nicht zugänglich ist.

Deswegen ist das Ego nicht böse. Es ist etwas, das wir erschaffen haben, weil wir uns vom Glauben an Gott getrennt haben. In „Ein Kurs in Wundern" von Helen Schucman steht sinngemäß geschrieben, dass jeder der Sohn Gottes ist, egal ob Mann oder Frau - die Sohnschaft Gottes. Und dort heißt es weiter, dass diese kleine wahnwitzige Idee als Geist in dem Sohne Gottes kam.

Die wahnwitzige Idee ist, wir könnten uns von Gott trennen und der Sohn hat vergessen, darüber zu lachen. Durch das gestoppte Lachen und stattdessen als Wahrheit annehmen, ist eine Kette in Gang gesetzt worden, mit der wir scheinbar die Illusion, die Trennung von Gott, erlebt haben.

Es gibt aber etwas in uns, das ist der Heilige Geist. Ich weiß, das ist begrifflich ein bisschen schwer. Das hat nichts mit der Kirche zu tun! Das ist die Rückerinnerung an die eigene Wahrheit, dass die Trennung nie stattgefunden hat. Dies ist in jedem Wesen angelegt, und drückt uns irgendwie immer wieder in diese Richtung.

Wir wissen, da gibt es mehr. Wir sehnen uns nach etwas, wir versuchen nach dem Glück und nach der Einheit zu streben. Das ist in uns angelegt und Meditation ist ein Mittel, um dem einfach nur mehr Raum zu geben. Das höhere Ich, dieser Funke Gottes, das alles könnte fast als ein und dasselbe beschrieben werden. Nur Worte sind unbedeutend dafür.

Auflösung des Geheimnis 7 – Die Ego-Falle

Du erschaffst dein Ego durch die Illusion, dass du von Gott getrennt bist. Das Ego ist keine Wesenheit. Es ist eine Entität, die nur Kraft unserer Entscheidung eine Realität hat.

Die einzige Möglichkeit, dass diese erschaffene Realität am Leben bleibt, ist unser Glaube an die Illusion. Der Heilige Geist in dir ist die Rückerinnerung, dass die Trennung nie stattgefunden hat. Es ist in jedem Wesen angelegt und lenkt uns immer wieder in die richtige Richtung.

Geheimnis 8 - Die Intuition

Wie du deine Intuition nutzt und andere Ebenen deines Bewusstseins anzapfst, um dich im Alltag zum Ziel führen zu lassen

Intuition ist eine Ebene des Bewusstseins, die nicht im Tagesbewusstsein ist. Wir müssen dafür nicht immer das Wort Unterbewusstsein verwenden, denn das alles ist Bewusstsein. Diese Abgrenzung von Bewusstsein, Unterbewusstsein und dem Unbewussten sind nur Definitionen, die für uns wichtig sind, damit wir dieses komplexe Konstrukt irgendwie benennen können.

In Wirklichkeit lässt es sich nicht benennen, weil es überhaupt nicht in die Raumzeit hineinpasst. Die Raumzeit ist ein Ergebnis von etwas. Deswegen gibt es Namen dafür und es ist wichtig, sie zu definieren.

Früher, als ich bei der Polizei arbeitete, lernte ich viele Definitionen und das war echt mühselig. Wenn ein Polizist ein Verkehrsdelikt aufnimmt, muss er definieren, was ein Kraftfahrzeug ist, was ein Fahrzeug ist, was ein mehrspuriges Fahrzeug ist und was dieses oder jenes genau ist. Interessanterweise kann er daraus ableiten, ob eine Straftat zutrifft oder nicht, oder ob es ein Vergehen ist und welche Strafprozessmaßnahmen er machen darf.

Damit ist meist sehr eindeutig geklärt, ob er jemanden festnehmen darf oder nicht, ob er eine Schusswaffe einsetzen darf oder nicht. Das ergibt sich alles aus diesen Definitionen. Wenn er es nicht genau weiß, kann er keine Entscheidung treffen. Dafür ist es wichtig, zu definieren, was das Ganze ist, und zu verstehen, dass du es wie Werkzeug einsetzen kannst.

Intuition ist die Ebene, die dem Verstand vorgelagert ist. Das ist eine Ebene, die nicht direkt über Gefühle kommuniziert wird, sondern diese nur als Filter nutzt. Intuition ist also kein Gefühl per se, das Gefühl entsteht erst durch die Äußerung der Intuition. Daher kommt auch der Irrglaube, dass sich immer alles gut anfühlen muss. In der esoterischen Szene sagt man, dass du im Flow bist.

Grundsätzlich ist das richtig, wenn du nämlich die losen Enden zusammenfügst und die Synchronizität in Erscheinung tritt, dann geht plötzlich alles und du erreichst den Durchbruch in einem Projekt. Das ist der Punkt, wenn es plötzlich im Leben rund läuft. Das nennen Esoteriker im Flow sein und sie glauben, du musst immer im Flow sein.

Das ist nicht so. Denn bevor du in den Flow kommst, bist du im Widerstand und erst dann gelangst du in den Flow. Viele Menschen wollen das Stück vorher weglassen und meinen, das sei nicht richtig, da ist man nicht im Flow und das ist nicht leicht. Das wird in der Esoterik gern schöngeredet.

Diese Ebene der Intuition ist eine Ebene, die außerhalb von Raum und Zeit ist. Also da, wo unser wahres Wesen ist. Das ist unser höheres Selbst, ein gleichzeitig vorhandenes Wissen. Intuition ist ein parallel vorhandenes Wissen. Durch diese Synchronizität kannst du auf ein Wissen zugreifen, dass nicht in einem Zeitfluss von Vergangenheit, Gegenwart und Zukunft angeordnet ist.

Ein schöner Vergleich ist hierfür das Lesen eines Buches: Wenn du den Text auf Seite 10 liest, dann steht der Inhalt auf Seite 100 schon fest. Wenn es also ein Krimi ist, dann weiß das Buch bereits auf Seite 1, wer der Mörder ist. Nur du als Leser musst dies noch entdecken.

So ist es auch mit der Zeit. Es ist alles gleichzeitig vorhanden. Intuition ist eine Möglichkeit, schon auf Seite 3 etwas von Seite 100 zu erfassen, indem es schon jetzt in dein Gefühl eindringt.

Das, was da ist, weißt du mit dem Verstand noch nicht, aber während du das Buch liest, spürst du, wer der Mörder sein könnte. Diese Intuition hat nichts damit zu tun, dass du dieses Wissen von der Geschichte ableitest, sondern du erahnst es.

Es ist etwas von dem, was mitschwingt. Es ist die Möglichkeit, dieses Buch des Lebens in den Seiten, die kommen, schon vorwegzunehmen. Vorahnung nennt man so etwas zum Beispiel. Nicht Befürchtung, denn das kommt vom Verstand. Vorahnung ist die Ebene der Intuition. Wir haben ein gutes oder ungutes Bauchgefühl, das ist Intuition.

Es gibt ein interessantes Zitat, das ich in einem Buch von John A, Wheeler gelesen habe: „Zeit ist dafür da, damit sich nicht alles gleichzeitig entfaltet." Das ist wie mit dem Buch, würdest du das Buch in die Hand nehmen und die ganze Geschichte wäre dir mit einem Mal präsent, dann würdest du diese Momente der Spannung und Aufregung gar nicht erleben können.

So ist es im Leben auch. Wenn dein wahres Wesen, das, was du bist, hier wäre und wir hätten keine Zeit, dann würde eine Situation auftreten und du würdest keine Erfahrungen sammeln. Du würdest keine Angst und keine Verzweiflung kennen, also würdest du nie die Kraft entwickeln, um dich zu befreien.

Das Geniale ist, wenn du durch etwas durch bist, ist es immer interessant die Erfahrung gemacht zu haben. Erfahrung ist nur vorhanden, weil sich alles nacheinander entfaltet.

Zeit ist ein Mechanismus, damit sich die Dinge schrittweise entfalten können. So wie alles in dem Buch vorhanden ist, so ist es im Leben auch. Deswegen ist es auch gar nicht erforderlich, in die Zukunft zu gehen. Das ist nur ein Verlangen des Verstandes. Er will schon wissen, was auf Seite 100 im Buch steht.

Intuition ist das Bewusstsein, das alles gleichzeitig da ist. Es ist eine Möglichkeit, dass, was sich anbahnt, wahrzunehmen und in das hereinzugehen, ohne Angst zu haben und sagen zu müssen: „Das könnte eine schwere Zeit werden, da muss ich mich jetzt vorbereiten. Es kommt etwas auf mich zu, dass mich stark berühren wird, aber ich weiß, ich geh da durch.“ Wenn du nur im Verstand bist, verfällst du in die Angst vor dem, was da kommt, und denkst: „Ich kann das nicht bewältigen.“

Du musst in diese Ebene hereingehen und den Mut fassen bzw. das Urvertrauen entwickeln, dass du das bewältigen kannst. Dann kannst du sagen: „Da kommt etwas auf mich zu. Was kann ich jetzt tun, welche Kräfte kann ich jetzt entwickeln, damit ich damit umgehen kann?“ Diese Intuitionsebene wird in der Regel durch viele laute Geräusche und Gedanken überlagert.

Es gibt von der Sesamstraße eine legendäre Folge, in der Ernie und Bert im Bett liegen. Ernie schläft. Bert dreht sich von einer Seite auf die andere und kann nicht schlafen, weil der Wasserhahn tropft.

Bert sagt Ernie, dass er nicht schlafen könne, weil der Wasserhahn tropfe und fragt, ob Ernie nicht etwas dagegen machen könne. Ernie geht auf seine lockere Art hin, macht den Staubsauger an und fragt Bert, ob er den Wasserhahn noch hören könne. Das Tropfen ist noch da, aber der Staubsauger ist lauter. Genau so verfährt unser Verstand mit Ängsten und Sorgen.

Wenn du auf dieser Ebene bist, obwohl die Ebene der Intuition noch da ist (der Wasserhahn tropft noch), kannst du sie nicht mehr wahrnehmen, weil du so viel anderes hörst. Du bist damit der Möglichkeit beraubt, intuitiv zu erfassen, wohin die Reise geht. Es ist wie ein Blindflug.

Das ist wie im Nebel herumrennen ohne Radar. Ein Schiff kann im Nebel fahren, weil es durch das Radar sieht, ob etwas vor ihm schwimmt. Wir haben auch so ein System, schließlich ist alles, was es im Außen gibt, von unserem Inneren abgeleitet.

All die Dinge, die es heute gibt, tragen wir in uns, sonst würde es sie im Außen nicht geben. Intuition ist wie ein Radarsystem. Ich sehe es nicht mit meinen physischen Augen, aber ich kann es trotzdem auf dem anderen Bildschirm wahrnehmen.

Wenn dann Angst ins Spiel kommt, ist es immer ein Anzeichen dafür, dass dein Verstand die erste Abbiegung nehmen möchte, statt tiefer hinein zu gehen. Dann überfällt dich Aktionismus und du tust etwas in der sinnlosen Hoffnung, dass die Situation, vor der du Angst hast, dann nicht eintritt. Du verschließt deine Augen und hoffst, nicht gesehen zu werden. Dieses Vorgehen heißt landläufig Vogel-Strauß-Politik.

Jetzt kommt aber noch etwas Entscheidendes bei vielen Menschen dazu, denn die meisten haben es nicht anders gelernt. Du gehst in die Schule, hast die normale Systembildung, gehst arbeiten, liest Tageszeitung, siehst Fernsehen und du weißt gar nicht, was es da draußen (und drinnen) noch alles gibt und wofür es da ist. Du bekommst es nicht beigebracht.

Du hast zuerst nur ein Unwissen darüber. Wenn du dich aber damit beschäftigst, entstehen Fragen wie: Und wie mache ich das jetzt? Und was bringt mir das?

Es ist für dich wichtig, dich mit dem Thema zu beschäftigen. Das Problem sind Vermeidungsstrategien deines Verstandes in Kombination mit Unwissen. Wenn die Menschen die Thematik wirklich verstehen würden, würden die meisten mehr auf ihre Intuition hören, da bin ich mir sicher.

Jeder ist seines Glückes Schmied! Buddha hat sinngemäß gesagt, dass jeder Mensch das Recht auf sein eigenes Leid hat. Das heißt, wenn mein Leid noch nicht groß genug ist, werde ich mich wahrscheinlich nicht bewegen. Da steckt eine sehr tiefe Weisheit dahinter!

Erst wenn der Schmerz groß genug ist, passiert Bewegung. Umgekehrt bedeutet das, wenn jemand noch nicht los geht, dann ist sein Schmerz noch nicht groß genug. Jeder hat die freie Wahl, ob er leiden oder an seinem Leid etwas verändern möchte, und jeder muss diese Wahl für sich selbst und anhand seiner eigenen Grenzen treffen.

Auflösung des Geheimnis 8 - Die Intuition

Durch die Meditation stärkst du den Zugang und die Verbindung zu deiner Intuition. Du lernst, auf deine innere Stimme zu hören und ihr zu folgen. Du prägst nach und nach ein tiefes Vertrauen aus, ohne alles mit dem Verstand erklären zu wollen. □

Geheimnis 9 – Die Inspiration

Wie dir deine Inspiration nützliche Ideen und hilfreiche Lösungen für deine derzeitigen Probleme bringt und diese mit Leichtigkeit auflöst

Inspiration ist der Moment, der aus einer Leichtigkeit herauskommt. Meditation hilft, in diese Leichtigkeit zu kommen, sich zu öffnen und das anzunehmen, was kommt.

Ich kann ihn nur wiederholen, diesen schönen Satz von Sri Chinmoy, der gesagt hat: „Gebet ist, wenn ich zu Gott spreche und Meditation ist, wenn Gott zu mir spricht." Das ist für mich die beste Beschreibung.

Passend dazu stammt auch der bereits zitierte Satz von ihm: „Wenn ich denke, meditiere ich nicht und wenn ich meditiere, denke ich nicht." Meditation ist genau dieser Zustand des Nichtdenkens, des Sich-Öffnens, der Leichtigkeit, der Inspiration. Wenn Gott als übergeordnetes Prinzip zu mir spricht und ich eine Ahnung davon bekomme, in welche Richtung ich meine Weichen stellen könnte, nicht muss.

Mit der Gewissheit, dass sich daraus entwickelt, was mich hier weiterbringt, was mich in die Glückseligkeit führt, was mir neue Erfahrung bringt, was mich trägt. All das entsteht. Meditation ist dafür wichtig, sich dem zu öffnen, was mit dem Verstand nicht erfasst werden kann. Durch diese Öffnung entsteht etwas ganz Großes, was Kraft und Vertrauen bringt. Der Verstand kann das nicht. Er ist dafür nicht gemacht. Er kann nicht in die Zukunft schauen.

Dann gibt es kleine Momente von Intuition, in denen ich einfach genau weiß, was zu tun ist. Es taucht ein Bild oder ein Gedanke auf und ich weiß, das ist heute der wichtigste Punkt des Tages. Dann kann ich alle Aktivitäten danach ausrichten und neue Prioritäten setzen.

Ich denke nicht: „Das ist wichtig und ich muss noch dieses und jenes machen.“ Ich bekomme einen Hinweis mit einer Vorschau auf Seite 100 und dadurch kann ich mir sagen: „Mach das. Das bringt dich auf Seite 100 und alles geht gut aus.“

Wenn du jetzt denkst, dass du eine Inspiration nicht wahrnehmen kannst oder mit Situationen und Menschen nicht in den Zusammenhang bringst, öffne deine Ohren. Es gibt den guten Spruch, der besagt, dass Gott mit dem Mund anderer Menschen zu uns spricht.

Die meisten Menschen wissen das gar nicht und tun es intuitiv. Sie sagen dir etwas und das hat einen Einfluss auf dich, bewusst oder unbewusst, und du tust es. Das nennt sich Synchronizität.

Sich bewusst auf die Intuition zu verlassen, ist, dieses Prinzip einfach viel öfter anzuwenden. Dadurch entsteht Urvertrauen, du weißt, du hast etwas so wahrgenommen, gefühlt oder getan und es hat genau so funktioniert.

Je öfter du das tust, desto größer wird dein Urvertrauen. Dieses brauchst du, um dich auch in schwierigen Situationen ganz auf dich selbst verlassen zu können und nicht in Panik zu verfallen.

Dein Urvertrauen ist wie ein Navigationssystem. Angst und Panik sind starke Emotionen. In dem Moment, wo du sie fühlst, hast du keine Leichtigkeit, deswegen bekommst du so auch keine Inspiration.

Du bist in den Sorgen verhaftet. Sorgen machen das Denken und die Wahrnehmung eng und nicht weit. Meditation ist dafür da, deine Wahrnehmung zu erweitern. Deshalb solltest du Meditation üben, wenn es dir gut geht. So kannst du sie auch anwenden, wenn es dir mal nicht gut geht. In solch einer Situation mit dem Üben zu beginnen, wäre definitiv der falsche Zeitpunkt.

Alles ist Natur. Es gibt mehr als 100 bekannte chemische Elemente. Alles, was du siehst, ist aus diesen Elementen gemacht. Das gilt für eine Pflanze ebenso wie für uns Menschen.

Ich habe einen schönen Bonsai-Baum, den liebe ich. Ich pflege ihn intensiv und es macht mir Freude, ihn zu beobachten. Er verliert seine Blätter auf eine ganz bestimmte Art.

Anfangs war ich unsicher, ob das alles so richtig ist. Doch nach ein paar Tagen wuchsen neue Blätter und es ist mir ein Rätsel, wie genau dies funktioniert. Er steht so still da und ist doch voller Leben.

Ich habe auch etwas über das Schwimmen gelesen. Ein guter Schwimmer schafft sieben Kilometer in der Stunde im Wasser. Fast jede Meeresströmung ist schneller. Das bedeutet, dass selbst ein guter Schwimmer es nicht schaffen würde, durch die Strömung zu kommen und erst recht kein durchschnittlicher Schwimmer, der nur zwei bis drei Kilometer pro Stunde im Wasser zurücklegt.

Eine Ente schafft schon 14 Kilometer pro Stunde und ein Hummer schafft 28 Kilometer pro Stunde (und das rückwärts). Thun- und Schwertfische schaffen bei der Jagd bis zu 100 Kilometer pro Stunde.

Und obwohl alles so unterschiedlich ist, ist doch alles Natur. Ich beschäftige mich viel mit diesen Dingen und schöpfe daraus Inspiration. Für mich ist die Natur ein Wunder.

Wie die Natur dafür gesorgt hat, dass alles zusammenpasst, dass wir Menschen atmen und dass Pflanzen wachsen. Sie schafft es, aus dem Nichts heraus etwas Neues entstehen zu lassen. Das können wir Menschen auch - aus dem Nichts heraus etwas Neues erschaffen.

Wir tun es aber nicht, weil wir alles so machen wie immer. Wir erhalten all das aufrecht, anstatt selbst in einen Schöpfungsprozess einzutreten. Die Pflanze hingegen macht das, weil es für sie ein natürlicher Prozess ist. Sie unterliegt keinem Denkprozess, so wie wir Menschen oder Tiere. Trotzdem ist sie in der Lage, aus sich selbst heraus Neues entstehen zu lassen.

Das gelingt ihr nur, weil sie nicht so denkt wie wir. Aber auch wir Menschen können uns bewusst dafür entscheiden bzw. uns auf unsere höhere Kraft besinnen und uns so unserer Schöpferkraft bewusst werden. Plötzlich können wir Blätter wachsen lassen und wundern uns, wie wir das erschaffen haben.

Diesen Schöpfungsprozess kann man sich bewusst machen - und Meditation unterstützt uns, damit wir uns für dieses neue Wissen öffnen können. Denn eigentlich ist es gar nicht neu. Das ist es nur in dem Moment für uns. Das Wissen selbst ist uralt.

Auflösung des Geheimnis 9 - Die Inspiration

Sei aufmerksam und erkenne „Zeichen", die dir gesendet werden. Das kann auf die vielfältigste Art und Weise passieren. Plötzliche Ideen schießen dir durch den Kopf, Menschen sagen etwas zu dir oder du liest etwas in einer Zeitung oder einem Buch. Notiere dir diese Inspirationen!

Durch Meditation können diese Inspirationen immer öfter und immer klarer zu dir fließen. Wenn du diese Impulse wahrnimmst, hinterfrage sie nicht mit deinem Verstand, sondern gehe den Impulsen nach. Du wirst schon bald erkennen, dass hinter allem eine großartige Fügung steckt.

Geheimnis 10 - Deine Schöpferkraft

Warum du unendliche Möglichkeiten hast, wenn du das Schöpferprinzip in seiner Tiefe verstehst und dann konsequent anwendest

Aus meiner Sicht brauchst du keine Erkenntnis darüber, ob das Huhn oder das Ei zuerst da war. Das ist eine Frage, bei der es keine Auflösung gibt. In Wirklichkeit gibt es ein Schöpferprinzip, das einfach etwas erschaffen hat.

Hinter dem, was bereits da ist, gibt es verwickelte Hierarchien. Das sind Sachen, für die du in der Welt, in der wir leben, keine Lösung finden wirst.

Die Frage, die sich daraus ableitet, ist: Ist diese Welt, in der wir leben, real? Oder gibt es einen Ursprung dafür, was diese Welt ist? Aus meiner Erkenntnis gibt es einen Ursprung für diese Welt, in der wir leben. Und wenn das so ist, dann gibt es einen größeren Zusammenhang, eine größere Kraft, etwas, was das Schöpfungsprinzip ist.

Wenn ich jetzt in dieser Welt bin und hier alles beschreibe, drehe ich mich im Kreis. Wenn ich mich aber auf das Schöpferprinzip fokussiere, komme ich an eine Quelle, die in der Lage ist, Veränderungen in dieser Realität, in der wir sind, geschehen zu lassen. Das heißt, ich muss mir nicht so viele Gedanken über die Situation machen, in der ich stecke, sondern ich setze ein Schöpferkraftprinzip in Bewegung, das als Folge Veränderungen in dieser Realität herbeiführt. Meditation ist eine Möglichkeit, diese Schöpfungsenergie durch mich fließen und hier wirken zu lassen.

Es ist wichtig, dass du dir Zeit für die Meditation nimmst, wenn du dich dazu entschieden hast, das Schöpferprinzip, das deinem Leben übergeordnet ist, zu verstehen und sichtbar zu machen.

In dem Buch „Gespräche mit Gott“ von Neale Donald Walsch ist dieses Prinzip an der Stelle, an der er Gott fragt, welchen Sinn das Leben hat, sehr schön beschrieben. Denn Gott sagt: „Das Leben hat keinen Sinn.“ Diese Antwort bringt sein ganzes Weltbild durcheinander. Denn er dachte, wenn er diese Frage schon Gott selbst stellen könne, dann würde dieser mit einer hochkomplizierten Antwort erklären, welchen Sinn es hat.

Das Leben hat keinen Sinn, außer den, den du dem Leben gibst. Das finde ich total faszinierend und kraftvoll. Es gibt schon einen höheren geordneten Plan, die Frage ist, nimmst du deinen Platz in diesem Plan ein oder nicht? Lässt du dich treiben? Doch die entscheidende Frage ist: Bist du glücklich oder nicht? Wenn nicht, was führt dich dahin? Was brauchst du zum Glücklichsein?

Das Glücklichsein passiert zwischendurch immer wieder, einfach so. Den Punkt der Glückseligkeit anzustreben passiert dann, wenn du mit dem höheren Plan übereinstimmst, denn du hast ihm ja vorher zugestimmt.

Man kann es am besten mit dem Körper vergleichen. Da sind 70 Trillionen Zellen und jede ist wichtig, da kann nicht eine fehlen, sonst wäre das nicht vollkommen. Der Körper an sich ist nicht wichtiger als eine einzelne Zelle und die Einzelne ist nicht unwichtiger als der Rest.

So ist es auch mit Gott. Er ist nicht jemand, der über alles bestimmt. Alles wirkt in Harmonie zusammen und umgibt den Körper. Jede einzelne Zelle ist ein komplettes Universum mit über 100.000 Prozessen pro Sekunde und das mal 70 Trillionen Zellen. Das sind die Wunder der Schöpfung und sie sind noch gar nicht richtig erforscht.

Ich habe mal eine Animation gesehen. Um einen 45-minütigen Film zu drehen, hat das Produktionsteam rund 2 Jahre gebraucht. Ich möchte damit sagen, nur, weil wir eine Zelle sehen können, wissen wir noch nicht viel darüber. Hinter der Zelle verbirgt sich ein Schöpfungsprozess, ein komplexes Universum, das auf den ersten Blick und mit bloßem Auge nicht zu erkennen ist - ein komplexes Universum mit ebenso komplexen Prozessen.

Könntest du dich kleinschrumpfen und hineingehen, würdest du vermutlich alles andere, das größere Ganze, vergessen bzw. nicht mehr sehen können. Die Zelle selbst ist Teil eines Zellenverbands. Dieser Zellenverband, zum Beispiel eine Leber, ist wieder ein eigenes Universum, aber auch Teil eines größeren Ganzen, nämlich des Bauchbereichs. Und der wiederum ist Teil des Körpers. Der Körper ist Teil des Außenbereichs, dieser wiederum der Familie, und diese gehört in einen Stadtteil, dieser zu einer ganzen Stadt, die Stadt zu einer Region. Es ist grenzenlos. Wie im Großen, so im Kleinen.

Wir Menschen sollten uns darüber bewusst werden, dass wir einfach nur ein Teil der Ordnung sind. Du bist ein Teil der Ordnung und ich auch. Und auch wenn wir Gottes Prinzip nicht mit dem Verstand oder dem Bewusstsein erfassen können, so können wir es doch intuitiv und demütig spüren.

Wir sollten nicht denken: „Ich bin klein“, sondern die Ordnung erkennen und uns in das Gefühl zurücklehnen, dass alles einen Plan verfolgt und wir uns keine Sorgen machen müssen.

Diese Ordnung zu erkennen, geschieht mithilfe von Meditation. Sie unterstützt uns dabei, zu wissen, dass wir auf alles vertrauen können und Glückseligkeit empfinden, Probleme überwinden und mit Schmerz umgehen können. Über die Meditation können wir auf die Intuitionsebene gelangen und Inspiration wahrnehmen.

Auflösung des Geheimnis 10 - Deine Schöpferkraft

Du hast unendlich viele Möglichkeiten, dein Leben zu gestalten! Werde zum Schöpfer und kreiere dein Leben. Denn das Leben hat keinen Sinn, außer dem, den du ihm gibst! Wenn du also unzufrieden bist oder Probleme hast, dann meditiere und entdecke das universelle Schöpferprinzip und erkenne und nutze deine Schöpferkraft.

□

Geheimnis 11 - Dein wahres ICH

Wie du durch Meditation dein wahres, großes ICH erfasst und lernst, es vom Ego zu unterscheiden

Viele Menschen nehmen nur ihr Ego wahr und nicht ihr wahres ICH. In diesem Kapitel wollen wir nun der Frage nachgehen, wie du dein wahres ICH erkennst und was es dir bringt, wenn du dein wahres ICH erkennst.

Die Problematik, wenn man über solche Themen schreibt oder redet, sind die Worte! Sobald ich ein Wort benutze, mache ich etwas zu einem Ding bzw. zu einer Sache. Ich benenne es. Damit ist es eine Begrifflichkeit und das, worum es hier geht, ist jenseits dessen, was mit Worten erklärbar ist.

Das ist der ausschlaggebende Punkt bei all diesen Themen: Spiritualität, Gott, Ego ... Es sind alles Begriffe, die nicht definiert sind. Es gibt also keine allgemeingültige Definition, die nachgelesen werden kann.

Stattdessen sind fast alle dieser Begriffe mit persönlichen Vorstellungen, Erfahrungen, Glaubenssätzen und kulturell bedingten Grundlagen verbunden, die dazu führen, dass jeder Mensch etwas ganz anderes mit dem Begriff verbindet.

Und wenn ich jetzt von dem wahren ICH rede, dann ist es so, dass ich von etwas spreche, das der Mensch mit seinem Verstand nicht erfassen kann. Ich spreche aus dem Ego heraus, aus dem, was nicht mein wahres ICH ist. Dieses Ich versucht jetzt, das wahre ICH zu erkennen. Es ist ein Dilemma, in dem wir gefangen sind.

Also wenn ich jetzt aus der Position meines Egos schreibe und sich dieses Ego Gedanken darüber macht, was nicht das Ego ist, werde ich zu keinem Ergebnis kommen können. Diesen Zirkelschluss zu verlassen, ist die Herausforderung. Deswegen sind Worte an sich schon das Problem.

Wir haben aber im Moment nichts anderes als Worte zur Verfügung, deshalb werde ich es im Folgenden anders ausdrücken. Ich werde immer über das klein geschriebene „ich" und das großgeschriebene ICH sprechen. Auch über das Wort „Ego" ist aus meinen Erfahrungen bei 99,9 Prozent der Menschen gar keine Vorstellung vorhanden. Was man davon ableiten kann ist egoistisch, also auf sich bezogen.

Nietzsche sagt: „Jeder Mensch ist ein Egoist." Er meint es aber nicht im Negativen, sondern als ein natürliches Prinzip. Es bedeutet, dass ich bei mir anfange, weil ich mich als erstes wahrnehme. Und ich muss überleben, ich muss essen, ich will glücklich sein und ich sterbe irgendwann - das ist, was Nietzsche meint. Jeder Mensch ist ein Egoist.

Trotzdem wohnt diesem Wort im allgemeinen Sprachgebrauch eine negative Bedeutung inne. Das zeigt sich daran, dass alles, was mit dem Wort Ego verbunden ist, eine negative Prägung besitzt und etwas Schlechtes zu sein scheint. Ist es aber in tiefer Hinsicht nicht, denn es ist etwas, das ich bzw. jeder Mensch für sich selbst erschaffen hat. Nicht in dieser Welt, sondern in einem Bereich, der mit Worten erstmal nicht beschrieben werden kann. Eben jener Bereich, wo auch das wahre ICH angesiedelt ist.

Ich spreche hier von etwas, das wir mit unseren physischen Augen sehen, mit unseren Ohren hören. Wir betrachten eine Welt, die an sich schon eine Illusion ist. Das ist zunächst erstmal sehr schwer zu erkennen, was damit überhaupt gemeint ist.

Wenn ich jetzt Meditation nutzen will, um ein befreiteres Leben zu haben, um zu mir zurück zu finden, dann erkenne ich, dass Meditation ein Werkzeug ist, um mich in diese Dimensionen zu bewegen, ganz ohne Worte. Das ist der ganz große Unterschied! Ich kann es nicht rational erfassen, sondern ich öffne mich für das, was ich einfach bin, was mein wahres ICH ist, ohne dass ich Worte dafür brauche.

Ich beginne das wahrzunehmen, ich beginne das zu fühlen. Es heißt, Gefühle sind die Sprache Gottes. Das, was ich fühle, wenn ich mich komplett öffne, ist etwas anderes als eine Emotion. Wenn ich in diesen Bereich gehe, mich von den Gedanken löse, mich zu meinem wahren Ich begebe, dann ist Meditation wie das Öffnen der Blume. Ich kann die wunderschöne Blume erkennen, deren Blüte sich entfaltet hat. Ich brauche dafür keine Worte!

Ich muss nicht die geschlossene Blüte betrachten und mit Worten beschreiben, wie schön diese im Innen aussieht, wenn ich es schaffe, diese Blüte zu öffnen und sie mir anschaue. Ich erfasse die Schönheit ohne Worte! Gleiches gilt für den einmaligen Duft einer Rose. Indem ich an ihr rieche, erfasse ich ihren Duft, der in seiner Ausführlichkeit mit Worten nicht zu beschreiben ist.

Dies gilt natürlich für all die schönen Dinge, die wir wahrnehmen und fühlen, ohne sie mit dem Verstand zu hinterfragen oder in Worte zu pressen. So ähnlich ist es auch mit der Meditation und damit, das wahre ICH zu erfassen. Es gibt dafür keine Worte oder keine Erklärungen. Man kann sich dort nur selbst und allein hineinbegeben, um es zu erfahren. Deshalb ist es so wichtig, sich bei der Meditation über die Gedanken zu erheben.

Wenn du das schaffst, bewegst du dich zu dem hin, was der Kern des Seins ist - und du siehst, ich habe jetzt kein „ich" benutzt. Es geht also nicht darum, was du wirklich bist, sondern was der Kern des Seins ist. Das ist nämlich weder ich, noch du, noch irgendetwas, das ist nur Sein.

Diesen Punkt musst du verinnerlichen, wenn wir über das wahre ICH sprechen. Das sind nur Worte: Das wahre ICH, das höhere ICH, dass kleingeschriebene "ich", das großgeschriebene ICH. Sie sind alle nur Symbole, die auf etwas hindeuten und einteilen.

Dieses wahre ICH immer mehr zu erfassen, das ist Ziel der Meditation - obwohl ich gesagt habe, Meditation sei ziel- und absichtslos.

Es ist egal, wie viel wir darüber sprechen, reden, schreiben, nachdenken oder diskutieren, es ist alles wertlos! Das ist wie das Reden über einen Geschmack oder die Diskussion über Gefühle. Niemand ist in der Lage zu beweisen, wie sehr er oder sie den anderen liebt, weder durch Taten noch durch Worte!

Es gibt ein ganz tolles Beispiel von Ron Smothermon. Er schrieb in einem Buch, dass das Leben wie eine Kiste sei. Jeder Mensch steckt in seiner eigenen Kiste. Die Seitenwände und der Deckel sind die Grenzen der eigenen Vorstellungskraft, des Weltbildes oder des Fassungsvermögens. Um diese Kiste zu verlassen und in die nächst größere zu gelangen, gibt es eine Anleitung.

Die Anleitung, wie die Kiste zu verlassen ist, ist außen aufgeklebt. Schafft man es irgendwie, die Kiste zu verlassen, kann man hinterher und mit dem Wissen, wie es geht, diese Anleitung lesen und sagen: „Ja, hätte ich das mal vorher gewusst!" Genau das ist die Entwicklung!

Dieses Beispiel lässt sich auf das kleine und große Ich übertragen: Das kleine „ich" ist in der Kiste, das große ICH außerhalb. Es ist die größere Version von dem, was ich bin. Deshalb nutze ich immer den Satz als Wort, um sagen zu können, da ist etwas Größeres dahinter, was ich nicht benennen kann.

Das kleine „ich" kann ich benennen. Es umfasst meine Gedanken, das, was ich mache, was ich glaube, die tiefen Überzeugungen und wie die Welt aus meiner Sicht funktioniert. Meine Probleme, meine Freude, mein Glaube, was das Leben ist. Was ich mir ansehe, was ich in meinen Gedanken habe, in meinen Gefühlen. All das ist das kleine „ich".

Das große ICH ist die größere Version davon, die von dem kleinen „ich" gelöst ist. Es ist an der Quelle des Seins. Der Ursprung, der ich bin. Der Gottesfunke, der da ist. Die Verbindung zu allem, was ist, auch zum Kosmos. Dieser Begriff stammt übrigens aus dem Altgriechischen und bedeutet „Ordnung".

Und dieses wahre „ICH" kann ich erfassen, indem ich alles das, was nicht das kleine „ich" ist, außenvor lasse. Indem ich mich darüber erhebe. Indem ich in die Stille gehe. Dann beginnt jeder etwas wahrzunehmen, was in Worten nicht beschreibbar ist und man doch erfasst.

Es ist der Beobachter, der hinter allem steht, das heißt: die Instanz. Wenn ich das mit den Worten „in uns" beschreibe, bezieh es bitte nicht auf den physischen Körper, denn den meine ich nicht.

Ich spreche von einem Beobachter, der zwar außerhalb unseres Verstandes, unseres Denkens und Fühlens wohnt und dennoch in uns ist. Der Beobachter, der beobachten kann, was ich gerade denke. Ich denke und kann den Gedanken selbst beobachten. Ich fühle und kann das Gefühl beobachten. Wenn ich zum Beispiel ängstlich bin, kann ich die Angst betrachten, die dieses kleine „ich" hat.

Dieser Beobachter im Hintergrund ist oft diffus. Und wenn der Verstand versucht, es zu betrachten, verschwimmt es. Es ist, als ob man einen Punkt im Auge hat und versucht, diesen zu fixieren. Er bewegt sich immer weg oderverschwimmt. Wenn ich mich darauf einfühle, kann ich es aber wahrnehmen! Und das ist dieses große ICH, das Sein, das was ich wirklich bin.

Wenn ich mich mit den Problemen, mit dem Gestern und Morgen beschäftige, gleite ich davon weg und bin hinein gezogen in die Illusion. Und durch die Stille lasse ich einfach das Sein passieren. Die Zeit und Probleme spielen keine Rolle, weil das nur die Verwicklung in der Illusion ist.

Wenn ich diesem größeren ICH Raum gebe, kommen Kraft, Ruhe und Stärke von innen. Das ist so ähnlich wie ein Irrgarten, in dem ich mich befinde und nur die Wände bzw. die Möglichkeit sehe, rechts oder links abzubiegen. Das kleine „ich" ist in dem Labyrinth. Das große ICH ist der Betrachter, der das kleine „ich" dabei beobachtet, wie es versucht, sich seinen Weg ins Freie zu suchen. Es gibt dem kleinen „ich" Impulse, die es lenken und auf den richtigen Weg führen.

Ich bin also ebenso ein überschauender Blick, das wahre Sein, wie auch Ausdruck in dieser Welt, reduziert auf meine Gedanken und physischen Sinne. Wenn ich es mir erschließe, über die physischen Sinne hinauszugehen und in das Fühlen und Vertrauen zu gelangen, dass der Impuls, der kommt, von einer größeren Version kommt, die da existiert, beginne ich, in den Flow zu kommen.

Genau dafür ist Meditation da, um mit dem Beobachter, der von oben auf den Irrgarten schaut, in Verbindung zu treten. Dieser Beobachter ist, wenn man es jetzt in Dimensionen betrachtete, außerhalb unserer Raum-Zeit-Dimension. Doch diese Betrachtung hat einen Haken, denn die Raum-Zeit-Dimension selbst ist auch nur eine Illusion.

Auflösung des Geheimnis 11 - Dein wahres ICH

Wenn du dein wahres ICH betrachtest, ist es ganz wichtig, zu erkennen, dass du es mit Worten nicht beschreiben kannst! Deshalb ist meditieren so wichtig, denn du kannst durch Meditation dein wahres ICH erahnen und erfassen. Und du lernst es von deinem Ego zu unterscheiden!

□

Geheimnis 12 - Die Illusion

Warum du durch Meditation erkennst, dass du in einer Illusion lebst und wie du deine eigene Realität erschaffen kannst

Ich verweise hier auf das Höhlengleichnis von Platon, denn es ist eine sehr gute Beschreibung dessen, was jetzt folgt. Solltest du es nicht kennen, empfehle ich dir, es unbedingt zu lesen.

Platon beschreibt darin einen Mann, der in einer Höhle gefangen ist und nur durch ein kleines Loch die Schatten der Menschen sehen kann, die an dem Loch vorbei gehen.

Der Mann in der Höhle kennt die Außenwelt nicht und wundert sich über die seltsamen Kreaturen. Dieses Gleichnis lässt sich sehr gut auf unser Denken im Allgemeinen übertragen.

Wenn jemand es nämlich nicht anders kennt und von klein auf nur Schatten sieht, glaubt er daran, dass das, was er sieht, real ist. Er erschafft sich seine eigene Realität.

Man kann das sehr schön sehen, wenn man Menschen zuschaut, die diese Virtual-Reality-Brillen nutzen. Sie bewegen sich meist vorsichtig im Raum, da ihnen in der virtuellen Welt zum Beispiel simuliert wird, dass sie in großer Höhe auf einem Balken gehen. Real von außen betrachtet, gehen sie über eine große, leere Matte.

Wir Menschen haben uns dazu entschieden, in eine selbsterschaffene Realität zu gehen. Das heißt, dass, was wir hier erleben, ist aus der Sicht des wahren Seins wie das Hineingleiten in eine Illusion. Diese Illusion nehmen wir als kleines Kind auf und lernen unhinterfragt, mit ihr umzugehen.

Bei kleinen Kindern ist das „ich" noch nicht vorhanden. Sie lernen erst mit rund zwei Jahren, sich selbst bewusst vom Rest ihrer Welt zu unterscheiden. Und wir Menschen lernen noch mehr, zum Beispiel was Schwerkraft ist (die Illusion der Schwerkraft) und das scheint uns völlig klar zu sein.

Und da das so täuschend echt ist, entsteht für uns etwas, in dem wir Erfahrungen machen können, die für das wahre Sein gar nicht möglich sind. Denn wenn du in der Einheit bist, wie willst Du dann eine polare Erfahrung machen? Beispiele für polare Erfahrungen sind Schmerz und Freude oder Glück und Leid.

Wenn du eins bist, mit allem verbunden, ist es unmöglich, so eine Erfahrung zu machen. Du weißt zwar, was das ist, weil du alles in dir hast, du kannst es aber nicht als Erfahrung erleben, weil du beide Aspekte in dir hast. Wenn du nur einen Aspekt hast, fehlt der andere.

Bist du jetzt in dieser Illusion, in dieser selbstgeschaffenen Realität, fühlt sie sich irgendwann echt an. Da wir die Wahrheit nicht in der Schule lernen, glauben wir, dass alles, was um uns ist und was wir erleben, real ist. Wir sind fokussiert auf die Realität. Das ist aber vergleichbar mit dem Tragen einer Virtual-Reality-Brille, die wir nie wieder absetzen.

Das Leben ist folglich eine große, täuschend echte Illusion. Es gibt keine Brille, die wir tragen. Wir tauchen mit einem großen Teil unseres Bewusstseins in diese unwirkliche Realität ab und erlebten sie als täuschend echt.

Wenn du mit den Filmen von Raumschiff Enterprise oder Star Trek vertraut bist, wirst du jetzt eine Parallele sehen: In diesen Geschichten gibt es einen virtuellen Raum, in dem zum Beispiel alle Umgebungen und Landschaften täuschend echt erzeugt werden, die sich die Protagonisten vorstellen können.

Sie betreten den Raum und um sie herum wird eine neue Realität - eine täuschend echte - erzeugt. Dies geschieht in meinen Augen auch in unserem Leben. Und das Verrückte daran ist, es ist eine wirklich treffende Analogie.

Jetzt verstehst du, dass nicht die äußere Welt einen Einfluss auf uns hat, sondern unsere Entscheidung, die äußere Welt anzuerkennen und sie als Wahrheit anzusehen. Ich kann das aus meiner eigenen Erfahrung bestätigen. Dinge sind dann änderbar, wenn ich die Entscheidung treffe, dass das, was ich im Außen sehe, nicht meine Realität ist.

Ich kenne das Gefühl, wenn man alles verloren und nichts mehr im Leben hat. Ich war an einem Punkt, an dem ich mir selbst gesagt habe: „Was ich gemacht habe, sind Entscheidungen, die ich getroffen habe.

Ich habe es erschaffen, es ist nicht real." Aus diesem Wissen heraus habe ich begonnen, ganz konsequent das Thema Wohlstand als inneres Gefühl zu erzeugen. Über Wochen hinweg habe ich dies praktiziert und schließlich sind außergewöhnliche Dinge passiert.

Irgendwann blickte ich zurück und sah, das sich die Situation geändert hatte. Das ist die Macht, eine ganz hohe Kunst, den Verstand dafür zu nutzen, eine neue Realität im Inneren zu erschaffen und diese nach außen aufzubauen. Und dies ist auch die ganz große Macht der Meditation. Sie ermöglicht es jedem Einzelnen, sich mit dem großen „ICH" zu verbinden, mit dem, was er oder sie wirklich ist und das Vertrauen und Wissen zu gewinnen, dass jeder seine Realität erschaffen kann.

Wer dies nicht weiß, ist der Illusion ausgeliefert. Das Verrückte an diesem Vertrauen und Wissen ist aber, dass ich z. B. ständig versuche, das zu ändern, was ich selbst erschaffen habe. Auf einer tieferen Ebene erschaffe ich mir also genau das, wogegen ich kämpfe. Es ist, als sei ich Don Quijote und würde gegen Windmühlen kämpfen. Menschen, die diesen Prozess und das Wissen verstanden haben, haben es oft in Geschichten oder Märchen verpackt. Sie beschreiben es oft sehr genau, ohne es direkt zu benennen. Das ist die Sprache dessen, wie es wirklich ist.

Je mehr du dich damit beschäftigst, um so öfter erkennst du es tatsächlich. Der Film Matrix beschreibt es in noch perfekterer Form. Es ist bis ins Detail zu erkennen, wo und wann Neo plötzlich die Matrix sieht. Das ist in dem Film genauso dargestellt, wie es im Realen möglich ist. Wenn du das erkennst, beginnst du, deine Matrix zu verändern.

So kannst du in der Simulation die Kontrolle übernehmen. Das kann aber nicht das kleine „ich", denn dieses ist ein Produkt der Simulation. Das kleine „ich" ist wie die Illusion des Körpers in den Matrix-Filmen. Der Körper ist nicht real.

Wenn du dich also für die Meditation öffnest, dann ist dir das alles möglich. Du kannst dann die falsche Realität erkennen und dir selbst eine neu schaffen. Es ist eine Bewusstseinserweiterung, um zu erkennen, wer „ICH" wirklich bin. Und bin heißt Sein. Du kannst ohne Unterlass und unabhängig von Ereignissen diesem Sein immer mehr Kraft und Raum geben und wissen, wie ein Schöpfungsprozess funktioniert.

Auflösung des Geheimnis 12 – Die Illusion

Eine der größten Herausforderungen ist es, zu verstehen, dass wir in einer Illusion leben. Diese Illusion nimmt uns gefangen und gaukelt uns vor, dass wir nichts daran ändern können. Durch Meditation kannst du beginnen, die Illusion zu durchschauen. Wenn dir das gelingt, kannst du beginnen, deine eigene Realität zu erschaffen!

□

Geheimnis 13 – Die Mehrdimensionalität

Wie das Verständnis der Mehrdimensionalität deinen Blickwinkel deutlich erweitert und dir hilft, das Richtige zu tun

Ich weiß, dass dieses Thema etwas schwierig zu verstehen ist, da es über die vierte Dimension hinausgeht. Es gibt Dimensionen, die nicht räumlich sind. Unser Höheres Selbst ist nicht auf die vierdimensionale Raumzeit beschränkt.

Diese Mehrdimensionalität lässt sich nicht mit dem Verstand, sondern nur intuitiv erfassen. Irgendwann weiß man einfach, wo andere Dimensionen sind. Das Interessante daran ist, dass die höheren Dimensionen nicht räumlich sind, sich aber dennoch räumlich darstellen lassen. Etwas Ähnliches geschieht, wenn ein dreidimensionaler Würfel nur auf einer zweidimensionalen Ebene dargestellt wird.

Das Problem ist, dass wir Körper, die fünfdimensional abgebildet werden, nicht kennen. Unser Verstand kann sie nicht erfassen. Wenn diese Körper sich in unserem Raum befinden, nehmen wir sie anders wahr, als sie in Wirklichkeit sind.

Es ist so, dass man sich durch die Beschäftigung mit diesen Dimensionen immer mehr für ihre Möglichkeiten öffnet. So ist es zum Beispiel auch bei Zen Koans oder mit Selbstbezüglichkeiten, wie sie im Buch von Dougles Hofstadter "Gödel Escher Bach" beschrieben sind.

Nicht: Ich meditiere, um dann das Richtige zu tun. Sondern ich meditiere und werde das Richtige tun!

In der Physik gibt es ein anerkanntes, mehrdimensionales Weltbild, in dem unterschiedliche Arten von Dimensionen anerkannt sind. Sie unterschieden sich in räumliche und nicht-räumliche Dimensionen.

Ein fünfdimensionales Objekt kann in unserer Realität auf einer zweidimensionalen Fläche abbildet werden. Es gibt zeitliche Dimensionen und mathematische Dimensionen - auch hier ist das Wort das Problem. Deshalb möchte ich es gerne als Schöpfungsenergie bezeichnen, als Dimensionen also, die auf eine gewisse Art und Weise wirken.

Wenn ich die Meditation also als Türöffner nutze, kann ich mein Bewusstsein betreten, das im Unterbewusstsein verankert ist und Auswirklungen auf meine Realität hat. In dieser Ebene kann ich andere Entscheidungen treffen, einen anderen Wahrnehmungsfokus setzen und Dinge erkennen, die ich vorher nicht gesehen habe.

Ein Beispiel: Du interessierst dich für ein bestimmtes Auto. Plötzlich siehst du dieses Auto überall. Das liegt nicht daran, dass das Auto erst kürzlich am Markt verfügbar ist, sondern daran, dass du deinen Fokus verlegt hast, es jetzt deutlicher wahrnimmst und es dir deshalb überall auffällt. Ebenso gibt es Dinge, die wir nicht sehen können, weil wir keinen Fokus dafür haben. Wenn wir den Wert von Meditation nicht erkennen, werden wir diese Fokussierung nie umsetzen können.

Der Punkt ist, zu erkennen, dass Meditation wie ein Einlass-Tor für unser höheres Selbst ist und dass wir als physisches, menschliches Wesen eine Änderung herbeiführen können, die nichts mit unserem Handeln zu tun hat. Was ich tue, ist die Folge von dem, was ich im Unterbewusstsein verankert habe. Es stammt aus einer Ebene, die den ganzen Zusammenhang sieht, aber überlagert ist.

In der Bibel steht: „Nach deinem Glauben wird dir geschehen." Das heißt, wenn jemand glaubt, dass etwas z. B. nach einem bestimmten Muster passiert, dann ist es auch so. Jeder hat seine persönliche Wahrheit.

Die Frage ist: Bin ich bereit, diese Wahrheit infrage zu stellen? Denn viel schwieriger als das Unbekannte zu erforschen, ist es, das Bekannte zu bezweifeln. Es ist so tief und unbewusst in uns verankert, dass wir es einfach als Wirklichkeit annehmen.

Für jemanden, der der festen Überzeugung ist, dass er genau weiß, wie etwas funktioniert oder die Dinge laufen, ist dieser Wechsel der Sichtweise stark problembehaftet. Denn wenn jemand denkt, dass er schon alles weiß, dann ist es seine Realität, aus der er nur sehr schwer entfliehen kann.

Also am schwierigsten haben es die Menschen, die glauben, schon alles zu wissen. Hier stellt sich die Frage: Was ist Glaube? Glaube ist das, was ein Mensch vom Bewusstsein und Unterbewusstsein als Überzeugung in sich trägt.

Ein weiser buddhistischer Mönch sagte mal: „Wenn du in einer Traumwelt mit dem Traumkopf gegen eine Traumwand rennst, bekommst du Traumschmerzen." Das ist eine sehr treffende Beschreibung. Steckt jemand nämlich in seiner Realität (dem Traum), so ist alles, was er darin erlebt (Schmerz) für ihn real.

Hier im Tagesbewusstsein haben wir eine logische Abfolge von Dingen, die wir nachvollziehen können. Wir glauben zumindest, wir können uns an gestern erinnern und wir können wissen, was morgen kommt.

In der Traumwelt ist das nicht so - doch was ist realer? Diese Traum-Dimensionen besitzen z. B. keine dreidimensionale Raumzeit. Dadurch erscheinen uns Zusammenhänge absurd. Vielleicht kennst du das: Du träumst von einem Menschen, der im Traum ganz anders aussieht, als du ihn kennst, aber du weißt genau, dass es dieser Mensch ist. Dinge passen in unserem Verstand nicht zusammen und trotzdem sind sie genauso real.

So ähnlich ist der Zugriff auf diese Dimensionen, die man in der Meditation lernt. Dort gibt es keine rationalen Zusammenhänge, keine logischen Abfolgen, aber eine Möglichkeit, auf das Gesamtwissen zuzugreifen.

Und zwar nicht, indem ich danach frage, sondern mich einfach öffne. Es gibt eine Instanz, die mir genau das gibt, was ich in dem Moment brauche. Ich muss nicht danach fragen.

Öffnen bedeutet, bereit zu sein für die Information. Das ist der Unterschied zur Intuition. Intuition ist die grundsätzliche Möglichkeit dieser Ebene, auf uns zuzugreifen. Inspiration hingegen ist der kleine Moment, in dem ich das entscheidende Gefühl bekomme. Das kann ein Gedanke sein, ein inneres Aufblühen oder das Vertrauen. Es kommt, wenn man bereit dafür ist.

Das Wort „Inspiration" kommt aus dem lateinischen „Inspiratio" und das heißt „Leichtigkeit". Und hier schließt sich wieder das Thema dieses Buches, die Meditation, an. Mit ihr ist es möglich, Leichtigkeit zu erzeugen, denn die Meditation hilft uns, aus dem Verstand in die übergeordnete Ebene zu gelangen. Wer sich darauf einlassen und dafür öffnen kann, wird hochinteressante Dinge erleben und kann seinen Tag mit Leichtigkeit gestalten.

Alles, was wir benennen, also mit einem Begriff versehen, schränkt uns ein. Natürlich ist es wichtig, Dinge zu benennen. Sonst könnten wir nicht mit ihnen umgehen, andererseits sind eben diese Benennungen und diese Zuschreibungen von Bedeutung, die größte Behinderung.

Wenn im Traum etwas geschieht und wir uns nach dem Aufwachen nicht mehr daran erinnern können, liegt es daran, dass es in einer anderen Dimension geschieht. Einer Dimension, in der es keine festgeschriebenen Begrifflichkeiten gibt. Fehlen diese festen Zuschreibungen, können wir das Erfahrene nicht in unser Tagesbewusstsein übertragen, da uns die Worte dafür fehlen. Könnten wir es benennen, wäre es ein Teil der vierdimensionalen Raumzeit.

Ich verdeutliche das Ganze noch einmal mit einem Beispiel: Es ist möglich, ein fünfdimensionales Objekt zu betrachten und zu verstehen. Damit das funktioniert, greift die Wissenschaft auf animierte Charts und ausgefeilte Technologien zurück.

Würde dieses fünfdimensionale Objekt nämlich in unserem dreidimensionalen Raum betrachtet, so könnten wir es zwar wahrnehmen, aber nicht erkennen. Das liegt zum einen an der Vielzahl der Oberflächen des Objekts, die ineinander gleiten. Andererseits an den uns fehlenden Begrifflichkeiten und der damit verbundenen Nicht-Darstellbarkeit.

Sollte uns nun ein solches Objekt, das wir aufgrund fehlender Begrifflichkeiten und Definitionen nicht benennen können, im Traum begegnen, so können wir uns nach dem Aufwachen nicht mehr daran erinnern. Im Traum haben wir die Möglichkeit, auf Dinge zuzugreifen, die umfassender sind.

Dort ist unser wahres Wesen. Wir sind gleichzeitig hier und unser höheres Selbst. Der Teil von uns, der sich im Tagesbewusstsein befindet, hat sich nur bewusst von dem anderen abgetrennt, damit wir dieses Spiel des Lebens spielen können. Meditation bedeutet, mit all dem, mit uns und unserem Sein, mit dem höheren „ICH“ und allen Dimensionen in Kontakt zu treten. Ähnlich ist es auch beim Träumen. Wir brauchen diesen Regenerationsprozess, da wir im Zustand des Träumens ganz bewusst auf dieser Ebene sind, die alles miteinander verbindet.

Auflösung des Geheimnis 13 – Die Mehrdimensionalität

Mit dem Dimensionsbegriff stoßen wir mit unserem Verstandesdenken ganz schnell an Grenzen. Die Mehrdimensionalität ist mit unseren Vorstellungen und unserer Sprache nicht erklärbar. In höheren Dimensionen gibt es zwar keine rationalen Zusammenhänge oder logischen Abfolgen, aber es gibt dort eine Möglichkeit, auf das universelle Gesamtwissen zuzugreifen.

Bonusmaterial zum Buch

Wenn du die Audiodateien bisher noch nicht heruntergeladen hast, dann solltest du es jetzt tun! Mit dem nachfolgenden Link und dem Gutscheincode kannst du das Meditations-Set kostenfrei bestellen. Klicke also auf den Link oder nutze den QR-Code, um zum Shop von DM-Harmonics zu gelangen. Lege das Set in den Warenkorb, trage dann im Warenkorb den Gutscheincode ein.

Durch Drücken auf "Gutschein anwenden" wird er eingelöst, der ursprüngliche Shop-Betrag wird sich auf "0" reduzieren und die Bestellung kann ohne Angabe einer Zahlungsart abgeschlossen werden.

Du erhältst anschließend eine Bestätigung und den Hinweis, wie du zu deinem persönlichen Kundenbereich kommst. Dort stehen die Audios für dich zum Download bereit und du findest dort die Videos mit hilfreichen Hinweisen zur Nutzung.
Der Gutscheincode lautet: **mb197a**
Der Link zum Shop: https://dmh.link/mb-set

Eine Bitte an dich:

Wenn dir das Buch gefallen hat und du erste positive Erfahrungen mit den Audiodateien gemacht hast, gib uns bitte eine Sterne-Bewertung auf Amazon. Eine positive Bewertung hilft uns dabei, dass mehr Menschen vom Buch und den Audios erfahren und sich vorab Meinungen von Kunden anschauen können.

Wenn du weitere Verbesserungsvorschläge oder konstruktive Kritik hast, dann schreib uns direkt an: amazonbuch.dmh@gmail.com□

Anwendungsbeispiele für binaurale Beats in Kombination mit der DMH®-Methode

Ich möchte dir an dieser Stelle einige Möglichkeiten mit binauralen Beats in Verbindung mit der DMH®-Methode vorstellen, die schon tausenden Menschen geholfen haben, tiefsitzende Probleme in kurzer Zeit zu lösen.

DM-Harmonics Triple S Premium Set

Erfülle dir jetzt deine sehnlichsten Wünsche!

- Genieße finanzielle Freiheit!
- Weniger Stress und Ängste
- Tue das, was du liebst und verdiene Geld damit!
- Mehr Anerkennung und Selbstwertgefühl

Was würdest du tun, wenn du wüsstest, dass du nicht versagen kannst?

Als Kind hattest du viele Träume, aber nur die wenigsten haben sich erfüllt, weil du diese für unerfüllbar hieltest. Erfahre das Geheimnis, wie du mit einer alltagstauglichen Methode diese Wünsche aufdeckst, um sie dir endlich zu erfüllen.

Das DM-Harmonics Triple S Premium-Set enthält folgende Produkte

- deine sehnlichsten Wünsche erfüllen - Triple S Erfolgsprogramm
- Subliminal-Powervideo - So arbeitet dein Unterbewusstsein für dich, anstatt gegen dich (inklusive 12 Wochen E-Mail-Kurs)
- Der Fokusmaximierer - Mit Fokus zu sofort mehr Erfolg
- Selbstliebe, der geheime Schlüssel für umfangreichen Erfolg und Anerkennung

Mehr erfahren zum Triple S Premium Set: https://dmh.link/mb-triple-s

Frei von Fremd- und Selbstsabotage – Für ein selbstbestimmtes Leben

Es gibt oft einen unerkannten Grund, warum deine innigsten Wünsche nicht in Erfüllung gehen. Du bist mit deiner Lebenssituation unzufrieden, weil deine innigsten Wünsche, wie zum Beispiel

- ein besserer Job,
- mehr Geld zur freien Verfügung,
- eine bessere Beziehung zu deinem Partner oder deinen Kindern,
- eine bessere Gesundheit

einfach nicht in Erfüllung gehen wollen?

Es gibt einen oft unerkannten Grund, warum deine innigsten Wünsche nicht in Erfüllung gehen. Dieser Grund heißt Sabotage, genauer gesagt Fremd- und Selbstsabotage. Sabotageprogramme führen dazu, dass sich deine tiefsten Wünsche einfach nicht verwirklichen können, egal was du tust!

Mit der DMH®-Methode bekommst du ohne Umwege, direkt über dein Unterbewusstsein, Kontakt zu deinem „Inneren Heiler". Dadurch bist du endlich

- frei von fremder, negativer Beeinflussung,
- selbstbestimmt in deinem Leben und deinen Entscheidungen,
- imstande, dir Wünsche zu erfüllen, die dir bisher verwehrt blieben

Häufig halten dich unbewusste Sabotageprogramme von einem selbstbestimmten Leben ab. Entschließe dich jetzt mit Hilfe des Audioprogramms „Frei von Fremd- und Selbstsabotage" endlich ein selbstbestimmtes Leben zu führen!
https://dmh.link/mb-sabotage

Das sagen unsere Kunden zur Fremd- und Selbstsabotage:

Rita S.:
Diese Audiodatei übertrifft alles. Sie ist unglaublich tief aufgebaut, sehr komplex und inspirierend! Du wirst richtig im Innersten berührt davon und sie trifft den Kern absolut. Eine ganz große Spiritualität liegt darin, die eine große Bewusstseinsveränderung hervorruft. Mit dieser Audiodatei kann endlich der Paradigmenwechsel im Menschen geschehen. Ich empfehle jedem Menschen, der sich verändern möchte, und ein schöneres, glücklicheres Leben haben möchte, mit dieser Datei zu arbeiten! Ehrlich, es ist so, es verändert dich! Zum Positiven!

Maria:
Ich fühle mich, als würden mir Flügel wachsen. Nun, nach einigen Tagen auch intensiveren (tägl. mehrfachen) Hörens, bin ich total beschwingt, lebendiger als vorher, auch energischer und eine tiefe Traurigkeit, die mit einigen bitteren Lebenserfahrungen zu tun hatte, hat sich bereits gelöst! Das macht mich unendlich glücklich.

Mein Leben kommt immer mehr in Fluss, ich habe den Eindruck, als würde ich im Außen im Zeitraffer noch einmal alle meine Lebensthemen kurz vorgestellt bekommen und die Chance haben, aus meiner heutigen Sicht heraus zu handeln. Eine so tiefgreifende Veränderung habe ich noch nie erfahren, höchstens bei der Geburt meiner Kinder. Das wünsche ich jedem Menschen.

Klicke jetzt hier, um dich zu informieren:
https://dmh.link/mb-sabotage

GO - Die Abnehm-Revolution

Unser Audio-Programm „GO - Die Abnehm-Revolution" liefert hervorragende Ergebnisse, wenn du

- dich attraktiver fühlen willst. Der wahre Grund, um abnehmen zu wollen, ist nicht, schlanker, sondern attraktiver zu sein.
- selbstbewusst ausgehen und attraktiv sein willst,
- endlich wieder in deine Lieblingsklamotten passen möchtest und der Übergrößenladen dich als Kundin/Kunde verlieren soll,
- wieder leichtfüßig sein willst,
- ohne Hungern und Diät einen flachen Bauch und schlanke Hüften bekommen willst,
- Abnehmen nicht zur unendlichen Geschichte machen willst,
- mit Stolz ein einzigartiges Abnehmgeheimnis lüften möchtest,
- völlig entspannt deine Pfunde loswerden möchtest.

GO - Die Abnehmrevolution = Abnehmen mit dem Wohlfühlfaktor

Wir haben eine einzigartige Methode entwickelt, die dir einfach beim Abnehmen hilft:

- ohne nervige Diäten
- ohne Jo-Jo Effekt
- nie mehr hungrig den Anderen beim Essen zuschauen

Genieß dein Essen wieder, anstatt gegen dich selbst zu kämpfen. Freue dich auf den Sommer und die Ausflüge zum See, weil du dich wieder in deinem Körper wohlfühlst. Du wirst dich selbst wieder mögen und selbstbewusst, leichtfüßig und schmerzfrei sein!
http://dmh.link/abnehen

Hier findest du weitere Informationen:
https://dmh-link/mb-abnehmen

Das sagen unsere Kunden zu GO – Die Abnehm-Revolution:

Günter P.:
Ich habe das Programm gleich nach der Veröffentlichung gekauft. Vorab, ich bin begeistert.

Ich habe schon nach sehr kurzer Zeit gemerkt, dass sich mein Essverhalten unbewusst verändert hat, die Portionen sind viel kleiner geworden. Es passiert einfach, das ist für mich das Tolle dabei. Das Verlangen nach Süßem und Naschen zwischendurch ist nicht mehr da. Das Ergebnis ist, dass meine Hemden und Hosen wieder um vieles lockerer sitzen. Um dem Ganzen eine Zahl zu geben, es sind bis jetzt gut sechs Kilo, die ich weniger herumtrage.

Ihr habt da eine super Arbeit gemacht, auch die Zusatzunterstützung mit Handbuch und Mail ist sehr hilfreich.
Will euch einfach mal Danke sagen.

Claudia R.:
Oh my god, ich habe mir heute Morgen die MP3 gekauft und runtergeladen, in der Straßenbahn auf den Weg zur Arbeit gehört, und es wirkte sofort. Das ist der Hammer, salopp gesagt.

Es entstand in den ersten Minuten ein Gefühl: „So, jetzt geht es wirklich los mit dem Abnehmen, es wird ernst.", verbunden mit einem Gefühl tiefer Demut. Wow. Vorher hieß das Gefühl Aggression.

Bei mir dreht(e) sich alles ums Essen. Ich war sehr aggressiv gegen mich wegen dieses Zustandes, fühlte mich fremdgesteuert ...

Jetzt hier klicken und endlich ganz einfach abnehmen:
https://dmh.link/mb-abnehmen

Ein reiches Leben führen (Geld, Reichtum, Wohlstand und Luxus fängt im Kopf an)

Das Set "Mehr Geld haben und verdienen" liefert hervorragende Ergebnisse, wenn du

- Geld, Reichtum und Wohlstand in Dein Leben ziehen möchtest
- mehr Freiheit im Leben haben willst
- dich von vielen Alltagssorgen befreien möchtest
- dein Leben endlich finanziell unabhängig genießen willst
- nach einer wirklich einfach anwendbaren Lösung suchst

Warum hast du zu wenig Geld?

Unbewusste, negative Einstellung zu Geld und unbewusste Ängste halten dich im Würgegriff, ob du willst oder nicht. Kennst du solche Aussagen oder Gedanken? Viel Geld verdienen heißt betrügen. Viel Geld bedeutet harte Arbeit. Geld verdirbt den Charakter. Geld ist nicht wichtig. Geld ist unmoralisch.

So funktioniert die einfachste und nachhaltigste Lösung für deine Geldprobleme!

Mit der DMH®-Methode kannst du ohne Umwege deine unbewussten, negativen Einstellungen zu Geld korrigieren. So kannst du endlich mehr Geld in dein Leben ziehen.

Zu den Infos, wie auch du Geld, Reichtum, Wohlstand und Luxus in dein
Leben ziehst: https://dmh.link/mb-geld

Das sagen unsere Kunden zu "Ein reiches Leben führen":

Beate D.:
Ich habe die beats zum Thema Geld im März intensiv gehört und im April ca. jeden 2.Tag, weil ich noch andere beats aus dem Gesamtset von DMH höre. Jetzt im Mai 2018 bekomme ich auf wundersame Weise einen 5-stelligen Betrag von der Krankenkasse zurück. Danke DMH!!!

Ulrike K.:
Ich liebe diese Audio und höre sie täglich. Meine extremen Existenzängste und Mangelgedanken, die immer auch mit Atemnot und Weinattacken einhergingen, sind vollkommen verschwunden. Ich habe ein tiefes Vertrauen gewonnen und ziehe immer mehr Positives in mein Leben, auch finanziell. Ich freue mich auf alles was jetzt noch geschieht.
Danke, danke, danke.

Claudi H.:
Ich höre diese Audio immer wieder an. Nach dem Update noch lieber als zuvor. Teilweise auch zum einschlafen. Meistens aber die Selbstliebe. Die Kombination ist einfach der Wahnsinn. Und seit ich "Ein reiches Leben führen" anhöre, fließt Geld zu mir, aus Richtungen, die ich nie für möglich gehalten habe. Sogar ein Bescheid vom Finanzamt, dass ich von 2016 noch Geld bekomme. Wie krass! Ich kann sie euch nur sowas von empfehlen!!

Zieh auch du Geld, Reichtum, Wohlstand und Luxus in dein Leben:
https://dmh.link/mb-geld

ARC - Anti-Raucher-Code - Nichtraucher in 2 Wochen - Set

Rauchfrei bzw. Nichtraucher werden ist einfach. Nutzen Sie dazu unser grandioses Set „Nichtraucher in 2 Wochen", welches nach der DMH®-Methode entwickelt wurde.

Das Set liefert hervorragende Ergebnisse, wenn du

- endlich wieder rauchfrei sein willst
- dich wieder fit und gesund fühlen willst
- bis zu 250 Euro Zigarettengeld pro Monat sparen möchtest
- nicht mehr nach Qualm stinken willst
- wieder ohne erstickenden Morgenhusten durchatmen willst

Der Ursprung deines Raucherproblems liegt im Unterbewusstsein. Folglich kann eine Rauchfreiheit auch nur im Unterbewusstsein bewirkt werden. Das Problem wird im wahrsten Sinne des Wortes an der Wurzel gepackt und dort korrigiert.

Binaurale Beats sind der einfachste Schlüssel, um Zugang zum Unterbewusstsein zu erhalten und dort positive, für deine Rauchfreiheit förderliche Glaubenssätze zu verankern. Durch binaurale Beats findet eine Öffnung des Unterbewusstseins statt.

Dies ist die Möglichkeit, um förderliche, aufbauende und positive Informationen im Unterbewusstsein zu verankern. Da das Unterbewusstsein geöffnet ist, können diese nicht mehr vom Verstand im Tagesbewusstsein negiert und abgelehnt werden. Somit besteht die Möglichkeit, auf eine einfache Art und Weise dein Leben in eine positive Richtung zu lenken.

Höre dich rauchfrei & werde Nichtraucher!
https://dmh.link/mb-rauchfrei

Das sagen unsere Kunden zum Anti-Raucher-Code - Nichtraucher in 2 Wochen:

Martina B.:
Ich habe es geschafft! Ich bin seit 3 Wochen nikotinfrei! Dass ich das einmal schreiben kann, erscheint mir noch immer wie ein Wunder.

Ich habe mir die Audiodatei zuerst 14 Tage lang jeden Abend im Bett angehört, während ich weiterhin gedampft habe. Dann habe ich die E-Zigarette weggeräumt und bin nun seit 22 Tagen nikotinfrei. Die Audiodatei höre ich immer noch jeden Abend an. Danke, Andreas und Johannes

Jetzt Nichtraucher werden:
https://dmh.link/mb-rauchfrei

Printed in Poland
by Amazon Fulfillment
Poland Sp. z o.o., Wrocław

71170632R00069